C.S.Lewis
Der
innere Ring
und andere Essays

Brunnen-Verlag · Basel und Gießen

ABCteam-Bücher erscheinen in folgenden Verlagen:

Aussaat- und Schriftenmissions-Verlag Neukirchen
R. Brockhaus Verlag Wuppertal
Brunnen-Verlag Basel, Gießen
(und Brunnquell Verlag)
Christliches Verlagshaus Stuttgart
(und Evangelischer Missionsverlag)
Oncken Verlag Wuppertal

Titel der englischen Originalausgabe:
»Screwtape proposes a toast«
© C S Lewis Pte Ltd 1959, 1965

Übersetzung: Barbara Trebing

1. Taschenbuchauflage 1991
(früher erschienen unter dem Titel:
»Streng demokratisch zur Hölle«)

© 1982 by Brunnen-Verlag, Basel
Umschlag: Klaus Harald Wever, Wuppertal
Herstellung: Clausen & Bosse, Leck

ISBN 3-7655-3433-1

Inhalt

C. S. Lewis

C. S. Lewis wurde 1898 in Belfast, Irland, geboren. Ein Jahr lang besuchte er das Malvern College; den Rest seiner Schulbildung erwarb er durch Privatunterricht. Nach einem glänzenden Abschluß seiner Studien an der Oxford University (Latein, Griechisch, Englisch und Philosophie) war er von 1925–54 als Dozent und Tutor am Magdalen College in Oxford tätig. 1954 avancierte er zum Professor für englische Literatur des Mittelalters und der Renaissance in Cambridge. Er war ein hervorragender und allgemein beliebter Dozent, dessen Vorlesungen bei seinen Studenten einen tiefen und nachhaltigen Eindruck hinterließen.

Während langer Jahre war C. S. Lewis Atheist. Er schreibt in seinem Buch «Surprised by Joy» (Überrascht von Freude) über seine Bekehrung: «Das, was ich so sehr gefürchtet hatte, war schließlich über mich gekommen. Im Sommersemester 1929 gab ich nach, gab zu, daß Gott Gott war, kniete nieder und betete; vielleicht in jener Nacht der verworfenste und widerwilligste Bekehrte in ganz England.»

Lewis' eigene Erfahrungen während dieser Zeit ermöglichten ihm, den Menschen nicht nur in seiner Gleichgültigkeit, sondern auch in seinem aktiven Widerstand gegen den Glauben zu verstehen. Gepaart mit einem klaren, logischen Verstand und einer lebendigen, einprägsamen Sprache, machte ihn dies zu einem Schriftsteller ersten Ranges. «Über den Schmerz», «Dienstanweisung für einen Unterteufel», «Pardon, ich bin Christ», «Was man Liebe nennt» und die erst nach seinem Tode erschienenen «Briefe an Malcolm: Du fragst mich, wie ich bete» sind nur einige seiner Bestseller. Er schrieb auch außergewöhnliche Kinderbücher, einige Science

Fiction-Romane und viele hervorragende literaturkritische Werke. Seine Bücher sind als Übersetzungen Millionen von Menschen auf der ganzen Welt bekannt geworden. – Er starb am 23. November 1963 in seinem Heim in Oxford.

Vorwort

Erst kurz vor seinem Tod im Jahre 1963 hat C.S. Lewis die Beiträge für das vorliegende Buch aus verschiedenen Quellen endgültig zusammengestellt.

Das einleitende markante Essay «Streng demokratisch zur Hölle» war in Großbritannien zunächst als Teil eines Buches veröffentlicht worden, das den Titel trug «The Srewtape Letters and Srewtape Proposes a Toast» (Geoffrey Bles, London 1962). Die zuerst ins Deutsche übersetzten «Srewtape Letters» sind in der Folge als «Dienstanweisung für einen Unterteufel» sehr bekannt geworden, während «Srewtape Proposes a Toast» in den USA den Weg in die bekannte «Saturday Evening Post» fand und später auch in dem Sammelband «The World's Last Night» (Harcourt Brace and World, New York 1960) veröffentlicht wurde.

In seinem Vorwort für «Srewtape Letters and Srewtape Proposes a Toast», das in dieses Buch aufgenommen wurde, erklärt Lewis, wie «Streng demokratisch zur Hölle» entstanden ist und welche Absicht er damit verfolgt hat. Es wäre sicherlich verkehrt, sie als «eine weitere Dienstanweisung» zu verstehen. Zwar finden wir noch immer dieselbe Technik, die Lewis als «diabolisches Bauchreden» bezeichnete: Was bei Srewtape «weiß» ist, ist bei uns «schwarz», und alles, was er begrüßt, sollten wir fürchten. Doch abgesehen von der Beibehaltung dieses Schemas findet sich kein weiterer Bezug zu den «Screwtape Letters». Während es in letzteren hauptsächlich um das Überleben des einzelnen Christen geht, möchte Lewis in «Streng demokratisch zur Hölle» vor allem auf die Gefahren hinweisen, die ein falsch verstandener Demokratiebegriff mit sich bringt.

Der zweite Beitrag, «Der innere Ring», war eine Rede, die Lewis 1944 im King's College der Universität London hielt. «Ist Theologie Dichtung» wie auch «Starrköpfiger Glaube» waren Vorträge im Socratic Club, die dementsprechend zuerst im «Socratic Digest» von 1944 beziehungsweise 1955 abgedruckt wurden. Beim Artikel «Umwandlung» handelt es sich um die etwas ausführlichere Fassung eines im Mansfield College in Oxford gehaltenen Vortrags, während «Das Gewicht der Herrlichkeit» eine Predigt ist, gehalten in der Kirche «St. Mary the Virgin» in Oxford. Anzumerken wäre noch, daß diese fünf letztgenannten Beiträge bereits einmal zusammengestellt wurden in «They Asked for a Paper» (Geoffrey Bles, London 1962).

«Gute Arbeit und gute Werke» erschien zuerst in «The Catholic Art Quarterly» und danach in «The World's Last Night». «Ein Versprecher» schließlich war eine Predigt am Magdalene College und erscheint hier zum ersten Mal.

Am Ende seiner Einleitung zu «They asked for a Paper» schrieb Lewis: «Da diese Vorträge zu den verschiedensten Gelegenheiten über einen Zeitraum von zwanzig Jahren abgefaßt wurden, mag es sein, daß manche Stellen den Leser an meine späteren Arbeiten erinnern, da sie einige Gedanken bereits vorwegnehmen oder erst im Ansatz berühren. Ich habe mich davon überzeugen lassen, daß solche Überschneidungen einer Wiederveröffentlichung keinen Abbruch tun.» Wie in den Vorbemerkungen zur englischen Originalausgabe des vorliegenden Buches festgehalten wurde, ist Lewis in der gleichen Überzeugung an die Zusammenstellung auch dieser, auf Deutsch erstmals erscheinenden Essays herangegangen.

Der Herausgeber

Streng demokratisch
zur Hölle

Man hat mich oft darum gebeten, doch eine Fortsetzung der «Dienstanweisung für einen Unterteufel» zu schreiben, aber lange Zeit verspürte ich dazu nicht die geringste Neigung. Obwohl mir das Schreiben nie so leicht gefallen war, habe ich doch auch nie mit so wenig Begeisterung geschrieben. Leicht fiel es mir vor allem deshalb, weil der Gedanke, teuflische Briefe zu schreiben, sich, wenn man ihm erst einmal nachgegeben hat, von selbst weiterentwickelt – wie die großen und kleinen Menschen bei Swift oder die medizinische und ethische Philosophie von «Erewhon»[1], wie Anstey's[2] Garuda Stone. Wenn man ihm freien Lauf läßt, geht er mit einem durch und füllt leicht tausend und mehr Seiten.

Aber obwohl es so einfach war, den teuflischen Gedankengängen zu folgen, große Freude machte es nicht – jedenfalls nicht lange. Die ständige Anspannung hatte eine gewisse geistige Verkrampfung zur Folge. Die Welt, in die ich mich durch Screwtape hineinversetzen mußte, war voller Schmutz und Asche, voller Durst und Begier. Jede Spur von Schönheit, Frische und Wärme mußte ausgeklammert werden. Daran drohte ich fast zu ersticken, noch bevor ich fertig war. Auch meine Leser wären daran erstickt, wenn ich weitergemacht hätte.

Darüber hinaus empfand ich einen gewissen Groll gegen mein Buch, weil es nicht jenes besondere Buch geworden war, ein Buch allerdings, das niemand hätte schreiben können. Ideal wäre es gewesen, Screwtapes Ratschlägen an Wormwood etwa die Ratschläge eines Erzengels an den Schutzengel des Patienten gegenüberzustellen. Ohne sie ist das Bild des menschlichen Lebens einseitig und unvollständig. Doch wer hätte hier Ab-

11

hilfe schaffen können? Selbst wenn ein Mensch – und dieser Mensch müßte weit besser sein als ich – es fertigbrächte, die erforderlichen geistigen Höhen zu erklimmen, welcher «Stil» wäre angemessen? Denn der Stil ist ja Teil des Inhalts. Ratschläge allein wären nicht genug; man müßte aus jedem Satz den Himmel herausspüren können. Und wer darf heute schon so schreiben, selbst wenn seine Prosa sich mit der eines Traherne[3] messen kann? Hat nicht das Gesetz des «Funktionalismus» die Literatur der meisten ihrer Funktionen beraubt? (Jeder ideale Stil schreibt ja im Grunde nicht nur vor, wie man etwas ausdrücken soll, sondern auch, was man sagen darf.)

Doch dann, als im Laufe der Zeit die Erinnerung an das erdrückende Gefühl beim Schreiben der «Dienstanweisung» mehr und mehr verblaßte, tauchten immer wieder einmal Gedanken auf, die in gewissem Sinne nach einer teuflischen Behandlung verlangten. Ich war fest entschlossen, nie wieder so etwas zu schreiben wie die «Dienstanweisung». Mir schwebte eher eine Art Vorlesung oder eine Rede vor – ein Gedanke, der aber nie verwirklicht wurde. Bis die «Saturday Evening Post» bei mir anfragte und damit den entscheidenden Impuls gab.

C. S. Lewis

Schauplatz ist die Hölle anläßlich des alljährlich stattfindenden Abschlußdinners des Versuchertrainingskurses für Jungteufel. Der Vorsteher, Dr. Slubgob, hat gerade einen Toast auf die Gesundheit der Anwesenden ausgebracht. Screwtape – er ist heute Ehrengast – erhebt sich, um ihn zu erwidern:

Herr Vorsteher, Eure Imminenz, Euer Ungnaden, hochverachtete Schemen und Dornen, meine lieben Teufel. Es ist alter Brauch, daß der Redner sich bei einem Anlaß wie dem heutigen vor allem an diejenigen unter Ihnen wendet, die soeben ihre Abschlußprüfung bestanden haben und bald zu offizieller Versucherschaft auf die Erde entsandt werden. Das ist ein Brauch, dem ich mich gern füge. Ich erinnere mich noch gut, mit welchem Zittern ich meiner ersten Stelle entgegensah. Ich hoffe und glaube, daß sich jeder von Ihnen heute abend genauso unbehaglich fühlt. Ihre Karriere liegt vor Ihnen. Die Hölle erwartet und verlangt, daß sie – wie die meine – auf der ganzen Linie erfolgreich ist. Wenn nicht, so wissen Sie selbst am besten, was Sie erwartet.

Ich habe nicht die Absicht, das gesunde und so wirklichkeitsnahe Element der Furcht, die unablässige Angst, zu verniedlichen, die Sie wie Peitsche und Sporen antreiben werden. Wie oft werden Sie den Menschen um seinen Schlaf beneiden! Doch gleichzeitig will ich Ihnen auch die etwas positiveren Aspekte der strategischen Gesamtlage vor Augen malen.

In der inhaltsreichen Rede unseres gefürchteten Vorstehers klang so etwas wie eine Entschuldigung an für das Essen, das wir heute vorgesetzt bekamen. Nun, meine verehrten Teufel, niemand macht ihm deshalb einen Vorwurf. Aber es läßt sich auch nicht leugnen, daß die menschlichen Seelen, an deren Pein wir uns heute abend gütlich getan haben, von reichlich schlechter Qualität waren. Selbst die raffinierte Zubereitung durch unsere Peiniger konnte nicht darüber hinwegtäuschen, daß sie keinen Geschmack hatten.

Ach, wenn man die Zähne wieder einmal in eine Farinara, einen Heinrich VIII. oder gar einen Hitler hineinbohren könnte! Das war noch etwas zum Beißen, das waren noch Leckerbissen; diese Wut, dieser Egoismus, diese Grausamkeit standen der unseren nur wenig nach. Wie köstlich sie sich dagegen wehrten, von uns verschlungen zu werden! Und wie wärmte es unsere Eingeweide, als wir sie verdauten!

Was hatten wir statt dessen heute abend? Einen städtischen Beamten mit Korruptionssoße! Ich für meinen Teil konnte an ihm nicht das Aroma wirklich leidenschaftlicher und brutaler Habsucht entdecken, das uns an den großen Industriebossen des letzten Jahrhunderts so begeisterte. War er nicht unverkennbar ein Kleiner Mann – ein lächerlicher kleiner Provisionsschwindler, der im kleinen Kreis alberne Witze von sich gibt und in der Öffentlichkeit außer abgedroschenen Platitüden nichts hervorbringt – ein schlampiges kleines Nichts, das korrupt geworden war, fast ohne es selbst zu merken und aus dem einzigen Grund, weil alle anderen es auch waren?

Dann gab es den lauwarmen Ehebrechereintopf. Konnten Sie darin auch nur eine Spur von voll entflammter, herausfordernder, rebellischer, unersättlicher Lust schmecken? Ich nicht. Sie schmeckten doch alle wie sexuell minderbemittelte Trottel, die nur deshalb in das falsche Bett gestolpert oder gesprungen waren, weil sie automatisch auf pornographisch aufgemachte Werbung reagieren oder weil sie sich modern und emanzipiert vorkommen, weil sie ihre Potenz oder ihre «Normalität» unter Beweis stellen wollen oder einfach, weil sie nichts Besseres vorhatten. Offen gestanden, für jemanden wie mich, der schon von Messalina und Casanova gekostet hat, waren sie geradezu ekelerregend. Der Gewerkschaftler mit seinem Gewäsch war da vielleicht einen Hauch besser. Er hatte wirklich Schaden angerichtet. Er hatte, nicht völlig ohne sein Wissen, zu Blutvergießen, Hunger und der Abschaffung der Freiheit beigetragen. In gewisser Weise jedenfalls. Aber auf was für eine Weise! Wie wenig hat er an diese hohen Ziele gedacht. Parteigehorsam, Wichtigtuerei und in der Hauptsache bloße Routine bestimmten in Wirklichkeit sein Leben.

Doch jetzt kommt das Wesentliche. Vom gastronomischen Gesichtspunkt her mag das alles in höchstem Maße bedauerlich sein. Ich hoffe indessen, daß keiner hier im Saal ist, für den die Feinschmeckerei im Vordergrund steht. Denn ist die Lage nicht in anderer, viel bedeutenderer Hinsicht, vielversprechend, ja geradezu verheißungsvoll?

Bedenken Sie zunächst einmal die Menge. Die Qualität mag ja erbärmlich sein; aber hatten wir jemals ein solches Überangebot an Seelen (oder dessen, was man Seelen nennt)?

Und dann der Triumph! Ich bin versucht zu behaupten, daß solche Seelen – oder besser gesagt der Lehm, der von den einstigen Seelen übriggeblieben ist – die Verdammung kaum wert sind. Und doch waren sie dem Feind (aus unerforschlichen und perversen Gründen) soviel wert, daß er versuchte, sie zu retten. Glauben Sie mir, er hat es tatsächlich versucht. Ihr Jungen, die Ihr noch nicht aktiv im Einsatz wart, habt ja keine Vorstellung davon, wieviel Mühe, wieviel Geschick und Sachkenntnis nötig waren, um jedes einzelne dieser elenden Geschöpfe schließlich einzufangen.

Das Problem liegt ja gerade darin, daß sie so klein und schlaff sind. Dieses Ungeziefer ist in seinen Gedanken so umnebelt, so lahm in seinen Reaktionen auf die Umwelt, daß es überaus schwierig ist, es auf eine Stufe der geistigen Klarheit und Besonnenheit zu heben, von der aus moralische Sünde überhaupt erst möglich wird. Aber eben, nur gerade so weit zu heben und keinen verhängnisvollen Millimeter zu hoch! Denn dann könnte alles verloren sein. Sie könnten erkennen; sie könnten bereuen. Doch hebt man sie andererseits nicht genug, so wären sie gerade gut genug für die Vorhölle; Kreaturen, die weder für den Himmel noch die Hölle taugen; Wesen, die die Prüfung nicht bestanden haben und nun dazu verdammt sind, für immer in eine mehr oder weniger erträgliche Unterwelt zu sinken.

Bei der persönlichen Wahl dessen, was der Feind als «das Falsche» bezeichnen würde, erreichen diese Kreaturen kaum je (wenn überhaupt) einen Zustand voller moralischer Zurechnungsfähigkeit. Sie verstehen weder den Ursprung noch die wirkliche Bedeutung der von ihnen übertretenen Gebote. Ihr Bewußtsein bewegt sich nur in den Bahnen ihrer gesellschaftlichen Umgebung. Und natürlich haben wir es zustandegebracht, daß bereits ihre Sprache schmierig und verschwommen geworden ist; was ein anderer in seinem Beruf *Bestechung* nennt, ist bei ihnen ein *Trinkgeld* oder ein *Geschenk.* Die erste Aufgabe ihrer Versucher bestand darin, die Entscheidung für den Weg zur Hölle durch ständige Wiederholungen zur Gewohnheit werden zu lassen. Danach (und das war überaus wichtig) mußte aus dieser Gewohnheit ein Prinzip werden – ein Prinzip, das man bereit ist zu verteidigen.

Ist dieser Punkt einmal erreicht, dann läuft alles wie von selbst. Anpassung an die Umgebung, zunächst rein instinktiv oder mechanisch geübt – wie sollte sich ein Chamäleon nicht anpassen? –, wird nun zu einem uneingestandenen Glaubensbekenntnis, zum Ideal von «Gemeinschaft» oder dem «Sein-wie-die-anderen». Bloße Unkenntnis der Gesetze, die sie brechen, verwandelt sich jetzt in eine vage Theorie – denken Sie daran, daß sie keine Geschichte kennen –, eine Theorie, die die Gesetze nun *konventionelle* oder *puritanische* oder *bourgeoise* «Moral» nennt. So entwickelt sich im Innern des Geschöpfs allmählich ein harter, fester, entschiedener Kern, der entschlossen ist, so weiterzumachen wie bisher und jeglichen Strömungen, die etwas ändern könnten, zu widerstehen. Es ist ein kleiner Kern; weder nachdenklich (dazu sind sie zu ungebildet) noch trotzig (das verhindert ihre Gefühlsarmut und schwache Vorstellungskraft); auf seine eigene Art fast spröde und sittsam; wie ein Kiesel oder ein sehr junger Krebs. Aber für unsere Zwecke ist er gut genug. Hier zumindest finden wir echte und freiwillige, wenn auch nicht voll artikulierte Ablehnung dessen, was der Feind *Gnade* nennt.

Wir haben also zwei positive Aspekte erkannt. Zum einen die überreiche Beute; wie geschmacklos unsere Kost auch ist, wir brauchen keine Hungersnot zu befürchten. Zum anderen der Triumph: Nie sind unsere Versucher geschickter zu Werke gegangen. Doch der dritte Aspekt, den ich bis jetzt ausgeklammert habe, ist bei weitem der wichtigste.

Die Zahl der Seelen, an deren Verzweiflung und Ruin wir uns heute – nun, ich will nicht unbedingt sagen gelabt, aber doch sattgegessen haben – nimmt ständig zu und wird es auch weiterhin tun. Die Gutachten unseres Unterkommandos bestätigen dies; die Direktiven weisen uns an, unsere Taktik der Situation anzupassen. Die «großen» Sünder, die Sünder, deren feurige und geniale Leidenschaften alle Grenzen sprengten und deren enorme Willenskraft sich auf Dinge richtete, die der Feind verabscheut, werden zwar nicht völlig verschwinden. Aber sie werden rarer. Unsere Beute wird zahlenmäßig größer; aber sie wird in zunehmendem Maße aus Schund bestehen – Schund, den wir früher Cerberus und den Höllenhunden zum Fraß vorgeworfen hätten, weil er zu teuflischem Verzehr nicht taugte.

In diesem Zusammenhang müssen Ihnen zwei Dinge klar werden. Erstens, wie deprimierend die Lage auch zu sein scheint, sie ist eine Veränderung zum Guten. Und zweitens möchte ich Ihnen erklären, wie es dazu kam.

Zuerst einmal: Es ist eine Veränderung zum Guten. Die großen (und schmackhaften) Sünder sind aus dem gleichen Material gemacht wie die großen Heiligen, jene schrecklichen

Wesen. Das faktische Verschwinden dieses Materials bedeutet für uns zwar fade Mahlzeiten. Aber bedeutet es für den Feind nicht gleichzeitig größte Frustration und Hungersnot? Er hat die Menschen nicht geschaffen – er wurde nicht einer von ihnen und starb unter der Folter –, um Kandidaten für die Vorhölle zu schaffen, «mißratene» Menschen. Er wollte Heilige, Götter, Wesen wie er selbst. Ist der Preis, den wir mit unserer langweiligen Kost zahlen, nicht sehr niedrig angesichts der köstlichen Erkenntnis, daß sein ganzes großartiges Experiment im Sande verläuft? Und nicht nur das. In dem Maße, wie die großen Sünder seltener werden und die Mehrheit jegliche Individualität verliert, werden die großen Sünder für uns zu wirksameren Helfern. Jeder Diktator oder sogar Demagoge – fast jeder Filmstar oder Schnulzensänger – kann jetzt Abertausende von menschlichen Schafen hinter sich her ziehen. Sie selbst (beziehungsweise das, was von ihnen übrig ist) stellen sich ihnen zur Verfügung – und damit uns. Es könnte eine Zeit kommen, in der wir uns über die Versuchung des *einzelnen* keine Gedanken mehr zu machen brauchen, ausgenommen über die wenigen Großen. Fang den Leithammel, und die ganze Herde kommt hinterher.

Aber ist Ihnen klar, wie es uns gelang, so viele Angehörige der menschlichen Rasse zu bloßen Nummern zu degenerieren? Das war kein Zufall. Es war unsere Antwort – fürwahr eine großartige Antwort – auf eine der größten Herausforderungen, die je an uns gestellt wurde.

Lassen Sie mich Ihnen noch einmal die Situation der Menschheit in der zweiten Hälfte des neunzehnten Jahrhunderts vor Augen malen – die Zeit, in der ich meinen aktiven Dienst als Versucher einstellte und mit einem Posten in der Verwaltung betraut wurde. Die große Bewegung für Freiheit und Gleichheit unter den Menschen hatte zu der Zeit bereits Früchte getragen und war voll herangereift: Die Sklaverei war abgeschafft. Der amerikanische Unabhängigkeitskrieg war gewonnen. Die französische Revolution hatte gesiegt. Religiöse Toleranz nahm fast überall zu.

In dieser Bewegung gab es anfänglich viele Elemente zu unseren Gunsten. Viel Atheismus, viel Anti-Klerikalismus, viel Neid und Rachedurst, sogar einige (ziemlich absurde) Versuche, das Heidentum wiederzubeleben, waren darin enthalten. Es war für uns nicht ganz einfach, unseren Kurs festzulegen. Auf der einen Seite war es – und ist es noch heute – ein schwerer Schlag für uns, daß jeder Mensch, der bisher Hunger gelitten hatte, nun satt werden sollte, daß jeder, der bisher Fesseln hatte tragen müssen, sie nun abstreifen konnte. Aber andererseits gab es in dieser Bewegung auch eine solche Ablehnung des Glaubens, so viel Materialismus, Säkularismus und Haß, daß wir uns förmlich gezwungen sahen, sie zu unterstützen.

Doch gegen Ende des Jahrhunderts war die Lage viel eindeutiger – und gleichzeitig viel drohender. Im englischen Sektor (in dem ich den größten Teil meines Frontdienstes versah) war etwas Furchtbares passiert. Der Feind hatte sich, mit einem seiner üblichen faulen Tricks, diese progressive oder liberalisierende Bewegung zunutze gemacht und sie zu seinen Zwecken umfunktioniert. Von der ursprünglich antichristlichen Haltung blieb nur wenig übrig. Ein gefährliches Phänomen griff um sich, christlicher Sozialismus genannt. Fabrikbesitzer vom guten alten Schlag, durch Ausbeutung reich geworden, wurden, anstatt von ihren Arbeitern umgebracht zu werden – das hätten wir brauchen können –, nun von den Angehörigen ihrer eigenen Klasse schief angesehen. Die Reichen gaben immer mehr ihrer Macht preis, nicht aufgrund von Revolution oder Zwang, sondern aus Gehorsam gegenüber dem eigenen Gewissen. Und was taten die Armen, die davon den Nutzen hatten? Ihre Reaktion war enttäuschend. Anstatt ihre neugewonnene Freiheit – was wir verständlicherweise gehofft und erwartet hatten – für Massaker, Raub und Plündereien zu nutzen oder eventuell für ständige Trunkenheit, waren sie ganz unnatürlicherweise damit beschäftigt, sauberer, ordentlicher, sparsamer, gebildeter und sogar tugendsamer zu werden. Glauben Sie mir, verehrte Teufel, die Gefahr eines gesunden gesellschaftlichen Zustandes stand damals wirklich drohend am Horizont.

Doch dank Unserem-Vater-in-der-Tiefe konnte sie abgewendet werden. Unser Gegenangriff fand auf zwei Ebenen statt. Auf der untersten Ebene gelang es unseren Agenten, einem Element zum Durchbruch zu verhelfen, das von Anfang an in der Bewegung unterschwellig mitgeschwungen hatte. Im Herzen dieses Freiheitsdranges war nämlich auch ein tiefer Haß gegen jede persönliche Freiheit verborgen. Der unschätzbare Rousseau deckte dies als erster auf. In seiner «vollkommenen Demokratie», Sie erinnern sich, ist nur eine Staatsreligion erlaubt, die Sklaverei ist wieder eingeführt, und dem einzelnen wird gesagt, daß er (ohne es konkret zu wissen) schon immer wollte, was die Regierung ihm befiehlt. Von diesem Punkt aus gelang es uns leicht, über Hegel (einen weiteren unentbehrlichen Propagandisten auf unserer Seite) sowohl den Nazi- als auch den kommunistischen Staat zu schaffen. Selbst in England waren wir recht erfolgreich. Erst unlängst hörte ich, daß ein Mann dort ohne Erlaubnis nicht einmal seinen eigenen Baum mit seiner eigenen Axt abhauen, mit seiner eigenen Säge zu Brettern schneiden und damit in seinem eigenen Garten einen Werkzeugschuppen bauen durfte.

Das war unser Gegenangriff auf der einen Ebene. Sie, als Anfänger, werden jedoch mit solchen Arbeiten noch nicht in Berührung kommen. Ihre Aufgabe wird es sein, Privatpersonen zu versuchen. Der Angriff gegen sie oder durch sie geschieht in anderer Form.

Demokratie heißt das Wort, mit dem Sie sie an der Nase herumzuführen haben. Die gute Arbeit, die unsere Philologieexperten bei der Zersetzung der menschlichen Sprache bereits geleistet haben, macht es überflüssig, Ihnen einzuschärfen, daß die Menschen diesem Wort niemals eine klar definierbare Bedeutung geben dürfen. Sie werden es auch nicht tun. Es wird ihnen nie auffallen, daß *Demokratie* im eigentlichen Sinne der Name eines politischen Systems ist, genauer gesagt eines Wahlsystems, und daß dieses System mit dem, was wir ihnen verkaufen, nur ganz entfernt zu tun hat. Natürlich dürfen wir auch nie zulassen, daß sie sich die aristotelische Frage stellen, ob unter «demokratischem Verhalten» das Verhalten zu verstehen ist, das Demokratien wünschen, oder das Verhalten, das zum Fortbestand einer Demokratie beiträgt. Denn wenn sie so fragten, würde es ihnen sicher nicht entgehen, daß das nicht dasselbe sein muß.

Wir haben das Wort lediglich als eine Zauberformel zu verwenden; allein wegen seiner Zugkraft, wenn Sie so wollen. Es ist ein Wort, das sie abgöttisch verehren. Natürlich steht das in engem Zusammenhang mit dem politischen Ideal, daß alle Menschen gleich zu behandeln seien. Es bedarf nun nur noch eines kleinen Tricks, um sie glauben zu machen, daß alle Menschen gleich *seien*. Besonders der Mensch, den Sie gerade bearbeiten. Wenn Sie ihn soweit haben, dient Ihnen das Wort *Demokratie* nur noch dazu, eines der erniedrigendsten (und miesesten) menschlichen Gefühle in seinen Gedanken zu rechtfertigen. Dann funktioniert er so, wie wir es wollen, ohne sich dessen zu schämen; ja, er empfindet dabei sogar eine gewisse Befriedigung – ein Verhalten, das nur Hohn ernten würde, wäre es nicht durch das magische Wort gedeckt.

Ich spreche hier natürlich von jenem Gefühl, das den Menschen dazu bringt, zu sagen: «Ich bin genauso gut wie du.»

Der erste und auffälligste Vorteil ist der, daß wir den Menschen dazu verleiten, sein Leben auf eine solide, wohltönende Lüge aufzubauen. Ich meine dabei nicht nur, daß seine Behauptung tatsächlich falsch ist, weil er seinen Mitmenschen in Güte, Ehrlichkeit und gesundem Menschenverstand ebensowenig gleicht wie an Größe oder Taillenweite. Ich meine vielmehr, daß er es selbst nicht glaubt. Niemand, der sagt: «Ich bin genauso gut wie du», glaubt das wirklich. Wenn er es täte, würde er es nicht sagen. Nie sagt der Bernhardiner so etwas zum Schoßhund; genausowenig wie der Gelehrte zum Dummkopf, der Arbeitswillige zum Faulpelz oder die schöne Frau zur einfachen. Der Anspruch auf Gleichheit wird, außerhalb des rein politischen Rahmens, ausschließlich von solchen Menschen erhoben, die sich in irgendeiner Weise minderwertiger vorkommen. Er zeugt von einem nagenden, schmerzenden, bohrenden Bewußtsein der eigenen Unterlegenheit, die sich der Patient selbst nicht eingestehen will.

Und die ihm deshalb zum Ärgernis wird. Ja, darum ärgert er sich über jegliche Form der Überlegenheit bei anderen;

verunglimpft sie, will sie zunichte machen. Das führt soweit, daß er bloße Andersartigkeit bereits als Überlegenheit empfindet. Niemand soll sich von ihm unterscheiden, weder in der Sprache noch in Kleidung, Benehmen, Hobbies oder Geschmack. «Hier ist einer, der ein klareres und besseres Deutsch spricht als ich – wie widerlich, hochnäsig und affektiert das klingt. Hier behauptet einer, er möge keine Hot dogs – kommt sich wohl zu fein vor. Der da hat die Musikbox nicht angestellt, muß wohl einer von diesen Intellektuellen sein, der hier angeben will. Wenn sie von der richtigen Sorte wären, wären sie so wie ich. Sie haben keinen Grund, anders zu sein. Das ist undemokratisch.»

Allerdings ist dies für uns so nützliche Phänomen an sich nichts Neues. Unter dem Namen *Neid* kennt es die Menschheit bereits seit Jahrtausenden. Doch bislang betrachtete sie es immer als das abscheulichste und auch als das sonderbarste Laster. Diejenigen, die sich seiner bewußt waren, schämten sich darüber; die sich davon frei fühlten, verurteilten es an ihren Mitmenschen. Das faszinierend Neue an unserer heutigen Situation besteht darin, daß wir dies Laster durch den beschwörenden Klang des Wortes *demokratisch* rechtfertigen – es sozusagen salonfähig machen können.

Unter dem Einfluß dieser Zauberformel kann nun jeder, der sich in irgendeiner oder in jeder Beziehung niedriger vorkommt als die anderen, von ganzem Herzen und mit Erfolg daran mitwirken, alle anderen auf seine Stufe herabzuziehen. Doch damit nicht genug. Unter demselben Einfluß versuchen auch die anderen, die dem wahren Menschsein näherstehen, sich aus Angst davor, als *undemokratisch* abgestempelt zu werden, von ihrem Menschsein zu distanzieren. Wie mir glaubhaft versichert wurde, kommt es mitunter bereits vor, daß Jugendliche ein aufkeimendes Interesse an klassischer Musik oder guter Literatur unterdrücken, weil es sie vielleicht daran hindern könnte, zu «sein-wie-die-andern»; daß Menschen, die gern ehrlich, keusch und enthaltsam wären – und denen die Gnade, es zu werden, angeboten wird –, dies ablehnen. Sie könnten sich ja von den anderen unterscheiden, sie könnten ja gegen die gängige Lebensart verstoßen, sie könnten sich von der Gemeinschaft abheben, und ihre Integrationschancen könnten sich verschlechtern. Sie könnten (welch schrecklicher Gedanke!) Individuen werden.

Man kann diese Haltung zusammenfassen in dem Gebet, das ein junges weibliches Menschenwesen unlängst gebetet haben soll: «O Herr, laß mich ein ganz normales Mädchen des zwanzigsten Jahrhunderts werden!» Dank unserer Bemühungen wird das mehr und mehr bedeuten: «Mach mich zu einer Göre, einem Trottel, einem Schmarotzer.»

In der Zwischenzeit, und gewissermaßen als Nebenprodukt, verwandeln sich die wenigen (ihre Zahl ist weiter rückläufig), die noch nicht «normal» und «regulär» und «wie-die-anderen» und «integriert» sind, immer mehr in die Besserwisser und komischen Käuze, die sie nach Meinung des Pöbels ja auch wirklich sind. Denn eine Verdächtigung provoziert oft erst die falsche Tat. («Es ist ja ganz gleich, was ich tue, die Nachbarn halten mich sowieso für eine Hexe oder einen Agenten der Kommunisten, warum soll ich es da nicht wirklich werden? Was soll's!») Und damit haben wir eine Intelligenz, die zwar nicht sehr zahlreich, aber für die Sache der Hölle doch sehr nützlich ist.

Doch wie gesagt, dies ist nur ein Nebenprodukt. In erster Linie möchte ich Ihre Aufmerksamkeit auf die umfassende Entwicklung hin zu einer Verunglimpfung und schließlich zur Abschaffung jeglicher menschlicher Leistung lenken, die über das Mittelmaß herausragt – sei es im moralischen, kulturellen, sozialen oder intellektuellen Bereich. Verschafft es uns nicht Genugtuung zu sehen, wie die *Demokratie* (in unserem beschwörenden Sinn) uns heute den Dienst tut, den früher die alten Diktaturen mit den gleichen Methoden erfüllten?

Sie erinnern sich sicher daran, wie einer der Diktatoren Griechenlands (damals nannte man sie noch «Tyrannen») eine Gesandtschaft zu einem anderen Diktator entsandte, um bei ihm Rat über die Grundsätze des Regierens einzuholen. Dieser Diktator geleitete die Gesandtschaft in ein Kornfeld, wo er mit seinem Spazierstock allen Halmen, die einen Zentimeter oder mehr über die anderen herausragten, die Spitze abschlug. Das Bild war klar: Laß unter deinen Untertanen keine

Überlegenheit zu. Laß keinen weiser oder besser oder berühmter oder etwa schöner sein als die Masse. Schneide sie alle auf eine Länge; lauter Sklaven, lauter Nummern, lauter Nichtse. Alle gleich. So konnten die Tyrannen in gewissem Sinne «Demokratie» verwirklichen. Aber jetzt kann die «Demokratie» dieselbe Arbeit verrichten, ohne dazu eine Tyrannei in Anspruch nehmen zu müssen außer ihrer eigenen. Jetzt muß niemand mehr mit einem Spazierstock durch die Felder gehen. Die kleinen Halme werden den längeren jetzt selbst die Spitze abbeißen. Und die großen fangen an, ihre eigenen Spitzen anzunagen, um zu «sein-wie-die-anderen-Halme».

Mit diesen Ausführungen wollte ich deutlich machen, daß es eine mühsame und kniffige Angelegenheit ist, die Verdammung dieser kleinen Seelen sicherzustellen, dieser Kreaturen, die sich kaum noch voneinander unterscheiden. Doch wenn man mit Methode und Geschick vorgeht, ist der Erfolg so gut wie sicher. Die großen Sünder sind *scheinbar* leichter zu fangen. Aber sie sind auch unberechenbar. Nachdem man siebzig Jahre mit ihnen gespielt hat, kann der Feind sie uns im einundsiebzigsten noch aus den Klauen reißen. Sie sind nämlich zu echter Reue fähig. Sie haben wirkliches Schuldbewußtsein. Sie sind, wenn sich alles zum Schlechten wendet, genauso bereit, dem Druck der Gesellschaft um des Feindes willen zu trotzen, wie sie es vorher um unseretwillen taten. In gewisser Hinsicht ist es mühsamer, eine gereizte Wespe zur Strecke zu bringen und zu zerquetschen, als einen Elefanten aus nächster Nähe zu erschießen. Aber der Elefant wird ungemütlicher, wenn man ihn nicht trifft.

Meine eigenen Erfahrungen habe ich, wie bereits angedeutet, hauptsächlich im englischen Sektor erworben, und noch heute erhalte ich mehr Nachrichten von dort als aus anderen Gebieten. Es kann sein, daß das, was ich jetzt zu sagen habe, für Ihr zukünftiges Einsatzgebiet nicht in jeder Beziehung zutrifft. Sie können das Bild später entsprechend korrigieren. Doch einiges trifft sicher zu. Andernfalls müssen Sie versuchen, das Land, in dem Sie arbeiten werden, den in England herrschenden Zuständen anzugleichen.

In diesem verheißungsvollen Land ist der Geist des «Ich-bin-genauso-gut-wie-du» bereits mehr als ein allgemeiner sozialer Einfluß. Er ist zu einem Teil des Erziehungssystems geworden. Wie weit seine Wirksamkeit im Moment reicht, kann ich leider nicht mit hundertprozentiger Genauigkeit sagen. Es spielt aber auch keine Rolle. Hat man erst einmal die Richtung bestimmt, kann man die weitere Entwicklung leicht voraussagen; besonders, wenn wir selbst tüchtig mitarbeiten.

Das Grundprinzip der neuen Erziehung besteht darin, daß sich die Dummköpfe und Faulenzer gegenüber den intelligenten und fleißigen Schülern nicht mehr minderwertig vorkommen sollen. Das wäre ja «undemokratisch». Diese Unterschiede zwischen den Schülern – ganz offensichtlich blanke *Einzel*unterschiede – müssen verwischt werden. Das kann auf verschiedenen Ebenen geschehen. An den Universitäten müssen die Prüfungen so konzipiert sein, daß nahezu alle Studenten gute Noten erhalten. Aufnahmeprüfungen müssen so angelegt sein, daß alle oder doch *fast* alle Bürger die Universität besuchen können, ob sie nun die Fähigkeiten für den Genuß einer höheren Bildung (oder das Verlangen danach) haben oder nicht.

In den Schulen kann man die Kinder, die zu dumm oder zu faul sind, Sprachen und Mathematik und Physik zu lernen, mit Dingen beschäftigen, die Kinder normalerweise in der Freizeit tun. Man läßt sie im Sand mit Förmchen spielen und nennt das Modellieren. Aber nie darf irgend etwas darauf hindeuten, daß sie schlechter sind als die Kinder, die arbeiten. Egal, mit welchem Unsinn man sie beschäftigt, es muß – im Englischen benutzt man das Wort soweit ich weiß schon – «Wertgleichheit» herrschen. Ein drastischeres Mittel ist nicht denkbar. Kinder, die in eine höhere Klasse versetzt werden könnten, werden künstlich zurückgehalten, weil die anderen sich sonst zurückgesetzt fühlen und ein *Trauma* – beim Beelzebub, welch ein Wort! – davontragen könnten. So bleibt der kluge Schüler während seiner gesamten Schulzeit demokratisch an seine Altersgruppe gefesselt, und ein Junge, der fähig wäre, mit Aischylos oder Dante fertigzuwerden, lauscht den Versuchen seines Altersgenossen, «Bienchen summ herum» zu buchstabieren.

24

Mit einem Wort, wir können mit Recht auf den buchstäblichen Untergang der Erziehung setzen, wenn «Ich-bin-genauso-gut-wie-du» sich endgültig durchgesetzt hat. Alle Lernanreize und alle Strafen für Nichterledigen der Hausaufgaben werden verschwinden. Die wenigen, die vielleicht noch lernen möchten, werden daran gehindert; wie können sie es wagen, ihre Kameraden überragen zu wollen? Ohnehin werden die Lehrer – oder sollte ich besser sagen die Pfleger? – so sehr damit beschäftigt sein, die Dummen zu beruhigen und ihnen auf die Schulter zu klopfen, daß sie keine Zeit mit echtem Unterrichten vergeuden können. Dann brauchen wir nicht mehr Pläne zu entwerfen und darüber zu grübeln, wie wir unter den Menschen unerschütterliche Eitelkeit und unheilbare Beschränktheit verbreiten sollen. Das Ungeziefer wird selbst dafür sorgen.

Dieser Zustand tritt natürlich nicht ein, bevor nicht alle Erziehung staatlich total reglementiert und nivelliert ist. Doch das wird geschehen. Das ist ein Teil der gleichen Bewegung. Monströse «Gesamtschul»-Konzeptionen werden dafür sorgen, daß die Mittelklasse, jene Schicht die sich für die gehobene Erziehung ihrer Kinder einsetzte, liquidiert wird. Die Beseitigung dieser Bevölkerungsgruppe, verknüpft mit der Abschaffung der Erziehung, ist glücklicherweise eine unausweichliche Folge der Haltung, die sagt: «Ich bin genauso gut wie du.» Schließlich hat diese Gesellschaftsschicht der Menschheit eine überwältigende Zahl von Wissenschaftlern, Ärzten, Philosophen, Theologen, Dichtern, Künstlern, Komponisten, Architekten, Juristen und Verwaltungsspezialisten geschenkt. Wenn es je einen Bund langer Halme gab, deren Spitze gekappt werden mußte, dann sie. Wie es ein englischer Politiker vor kurzem ausdrückte: «Die Demokratie wünscht keine großen Männer.» Es wäre müßig, solch eine Kreatur zu fragen, ob «wünschen» hier «brauchen» oder «mögen» bedeutet. Doch für uns muß es klar sein. Denn hier stellt sich wieder die aristotelische Frage.

Wir in der Hölle würden das völlige Verschwinden der Demokratie im engeren Sinne, des so bezeichneten politischen Systems, begrüßen. Wie alle Regierungsformen arbeitet es zwar oft zu unseren Gunsten; aber im großen und ganzen weniger als andere Systeme. Und wir müssen uns klarmachen, daß «Demokratie» im teuflischen Sinne (Ich-bin-genauso-gut-wie-du, Sein-wie-die-andern, Gemeinschaft) das raffinierteste Instrument ist, das uns zur Verfügung steht, um politische Demokratien von der Erdoberfläche verschwinden zu lassen. Denn «Demokratie» oder ein «demokratischer Geist» (in unserem Sinn) führen zu einer Nation ohne große Männer, einer Nation von Ungebildeten, die moralisch schwach sind, weil sie in ihrer Jugend keine Disziplin lernen mußten; vermessen, weil ständig ihrer Dummheit geschmeichelt wird, und verweichlicht, weil sie ihr Leben lang verhätschelt wurden. Und genauso wünscht sich die Hölle jedes demokratische Volk. Denn wenn solch eine Nation in einem Krisenfall auf eine andere Nation trifft, deren Kinder in der Schule arbeiten mußten, die hohe Posten mit begabten Menschen besetzt und die der ungebildeten Masse in öffentlichen Angelegenheiten kein Mitspracherecht einräumt, gibt es nur ein Ergebnis.

Eine Demokratie zeigte sich unlängst überrascht angesichts der Entdeckung, daß sie von Rußland im Bereich der Wissenschaften überflügelt worden war. Welch köstliches Beispiel menschlicher Blindheit! Wenn es die Grundhaltung ihrer demokratischen Gesellschaft ist, jede überragende Leistung zu bekämpfen, wie kann sie dann erwarten, daß ihre Wissenschaftler hervorragen?

Es ist unsere Aufgabe, das Verhalten, die Sitten, die ganze Geisteshaltung, die Demokratien normalerweise bevorzugen, zu fördern und zu unterstützen, denn sie dienen dazu, die Demokratie zu zerstören. Man möchte sich beinahe wundern, daß die Menschen das nicht selbst erkennen. Auch wenn sie nicht Aristoteles lesen (das wäre ja undemokratisch), sollte man doch meinen, sie hätten durch die Französische Revolution gelernt, daß das von Aristokraten normalerweise bevorzugte Verhalten nicht unbedingt das Verhalten sein muß, das Aristokratien bewahrt. Dies Prinzip hätten sie auf alle Regierungsformen übertragen können.

Lassen Sie mich noch eine Bemerkung anschließen. Ich möchte in Ihnen auf keinen Fall – die Hölle bewahre mich davor – die Vorstellung bekräftigen, die Sie in Ihren menschlichen Opfern nach Kräften pflegen sollen. Ich spreche von der Vorstellung, daß das Schicksal einer Nation *an sich* wichtiger sei als das der einzelnen Seele. Der Niedergang der freien Völker und die Zunahme von Sklavenstaaten sind für uns lediglich ein Mittel (abgesehen davon, daß sie auch amüsant sind); aber das eigentliche Ziel ist die Zerstörung des Individuums. Denn nur Individuen können gerettet oder verdammt werden, können Söhne des Feindes werden oder Futter für uns. Das Wichtigste an jeder Revolution, jedem Krieg und jeder Hungersnot sind für uns die Pein des einzelnen, der Verrat, der Haß, die Wut und die Verzweiflung, die sie hervorrufen. «Ich-bin-genauso-gut-wie-du» ist ein nützliches Mittel zur Zerstörung demokratischer Gesellschaften. Doch seine Bedeutung als Zweck an sich, als Geisteshaltung, ist weitaus größer, weil damit zwangsläufig alle Bescheidenheit, Mitmenschlichkeit und Zufriedenheit, alle Freude an Dankbarkeit oder Bewunderung vernichtet werden und das menschliche Wesen sich von allen Wegen abwendet, die schließlich doch noch zum Himmel führen könnten.

Doch nun zum angenehmsten Teil meiner Pflicht. Es fällt mir zu, im Namen unserer Gäste einen Toast auf die Gesundheit unseres Vorstehers Slubgob und des Versuchertrainingskurses auszubringen. Heben Sie die Gläser. Doch – was sehe ich? Welch köstliches Aroma? Ist es möglich? Herr Vorsteher, ich widerrufe alle meine harten Worte über das Dinner. Ich sehe – und rieche, daß der Keller des Kollegiums selbst in Krisenzeiten noch immer ein paar Dutzend gesunder alter *Pharisäer*-Jahrgänge beherbergt. Hm, hm, hm! Das ist ja wie in den guten alten Zeiten! Halten Sie ihn einen Augenblick an Ihre Nüstern, verehrte Teufel. Heben Sie ihn gegen das Licht. Schauen Sie sich diese Feuerstrahlen an, wie sie sich in seinem dunklen Herzen winden und verstricken, als ob sie miteinander kämpfen würden!

Und das tun sie auch. Wissen Sie, wie dieser Wein verschnitten wird? Verschiedene Pharisäerarten werden geerntet, gekeltert und miteinander zur Gärung gebracht, bis sie diesen feinen Geschmack ergeben. Pharisäerarten, die auf der

Erde im heftigsten Widerstreit miteinander lagen. Einige bestanden nur aus Regeln und Reliquien und Rosenkränzen; andere aus zerrissenen Gewändern, langen Gesichtern und kleinlicher, herkömmlicher Enthaltsamkeit von Wein oder Kartenspiel oder Theater. Beiden gemeinsam war ihre Selbstgerechtigkeit und die fast unüberwindliche Distanz zwischen ihrem Gebaren und dem, was der Feind tatsächlich ist oder gebietet. Die Schlechtigkeit anderer Religionen fand bei ihnen ihren Niederschlag; Verleumdung war ihr Evangelium und Verunglimpfung ihre Litanei. Wie haben sie einander gehaßt, dort oben, wo die Sonne scheint! Wieviel mehr hassen sie sich jetzt, da sie für immer vereint, wenn auch nicht versöhnt sind. Ihr Erstaunen, ihr Groll über ihre Vereinigung, ihre in Ewigkeit schwärende unbußfertige Gehässigkeit wird wie Feuer in unseren Eingeweiden wüten. Wie dunkles Feuer!

Doch nun genug damit, meine Freunde, es wäre ein trostloser Tag für uns, wenn das, was die meisten Menschen unter «Religion» verstehen, von der Erde verschwinden würde. Sie liefert uns immer noch die köstlichsten Sünden. Die zarte Blume der Gottlosigkeit gedeiht am Besten in unmittelbarer Nähe des Heiligen. Nirgends sind unsere Versuchungen erfolgreicher als auf den Stufen des Altars.

Eure Imminenz, Eure Ungnaden, meine Schemen und Dornen, meine lieben Teufel: ich erhebe das Glas auf – Vorsteher Slubgob und das Kollegium!

«Der innere Ring»

Erlauben Sie mir, Ihnen zu Anfang einige Zeilen aus Tolstois
«Krieg und Frieden» vorzulesen:

Als Boris eintrat, hörte Fürst Andrej gerade einen alten russi-
schen General mit vielen Orden an, der mit dem unterwürfigen
Ausdruck eines gewöhnlichen Soldaten auf dem blauroten Ge-
sicht ihm irgend etwas meldete. «Sehr wohl. Wollen Sie, bitte,
etwas warten», sagte Fürst Andrej zu dem General auf russisch,
aber mit jener französischen Aussprache, deren er sich zu
bedienen pflegte, wenn er seine Verachtung zum Ausdruck
bringen wollte. Als er Boris bemerkte, schenkte er dem Gene-
ral, der hinter ihm herlief und ihn bat, ihn noch weiter anzuhö-
ren, überhaupt keine Beachtung mehr und ging Boris lächelnd
und mit freundlichem Kopfnicken entgegen.
   In diesem Augenblick wurde es Boris klar, daß es im Heer,
wie er schon früher vermutet hatte, außer jener Subordination
und Disziplin, die im Reglement vorgeschrieben und im Regi-
ment und auch ihm selbst bekannt war, noch eine andere,
wesentlichere Subordination gab, jene, die diesen General mit
der geschnürten Taille und dem blauroten Gesicht veranlaßte,
ehrerbietigst so lange zu warten, wie es dem Hauptmann und
Fürsten Andrej Vergnügen machte, sich mit dem Fähnrich
Drubezkoj zu unterhalten. Und fester als jemals wurde in Boris
der Entschluß, nicht nach jener im Reglement vorgeschriebenen
Subordination, sondern nach dieser ungeschriebenen zu
dienen. [4]

Wenn Sie einen Moralisten in mittleren Jahren zu einem
Vortrag einladen, muß ich daraus wohl schließen, daß Sie,

auch wenn mir das recht unwahrscheinlich erscheint, eine Vorliebe für die Moralpredigten älterer Leute haben. Ich werde mein Möglichstes tun, Sie zufriedenzustellen. Ich werde Ihnen tatsächlich Ratschläge über die Welt geben, in der Sie zu leben haben. Ich meine damit nicht, daß ich über sogenannte aktuelle Fragen reden werde. Darüber wissen Sie vermutlich ebensogut Bescheid wie ich. Ich werde Ihnen auch nicht sagen, welche Rolle Sie beim Wiederaufbau nach dem Krieg zu spielen haben – höchstens in so allgemeiner Form, daß Sie es kaum bemerken werden. Es ist ja ohnehin nicht sehr wahrscheinlich, daß Sie in den nächsten zehn Jahren Gelegenheit haben werden, einen direkten Beitrag zu Frieden oder Wachstum in Europa zu leisten. Sie werden damit beschäftigt sein, eine Stelle zu suchen, zu heiraten und vorwärtszukommen. Deshalb werde ich etwas noch Altmodischeres tun, als Sie vielleicht erwartet haben. Ich werde Ihnen gute Ratschläge erteilen. Ich werde Warnungen aussprechen – Ratschläge und Warnungen zu Erscheinungen, die so alt sind, daß kein Mensch sie zu den «aktuellen Fragen» zählt.

Und natürlich weiß jeder, wovor ein Moralist von meinem Typ und Alter die Jüngeren warnt. Er warnt sie vor der Welt, vor dem Fleisch und vor dem Teufel. Für heute wird es genug sein, nur eines dieser drei Themen zu behandeln. Den Teufel werde ich völlig außer acht lassen. Die Verbindung, die man in der Öffentlichkeit zwischen ihm und mir zieht, geht bereits so weit, wie ich mir das immer gewünscht habe. In einigen Fällen ist bereits ein Stadium erreicht, in dem man mich mit ihm verwechselt, wenn nicht gar identifiziert. Ich beginne das alte Sprichwort zu begreifen, daß der, der mit diesem ehrenwerten Wirt zu Tische sitzt, einen langen Löffel braucht. Was das Fleisch angeht, so müßten Sie schon recht unnormale junge Leute sein, wenn Sie darüber nicht mindestens ebensoviel wüßten wie ich. Doch über die Welt habe ich, wie ich meine, etwas zu sagen.

In dem Abschnitt von Tolstoi, mit dem ich in unser Thema eingestiegen bin, entdeckt der junge Fähnrich Boris Drubezkoj, daß es in der Armee zwei verschiedene Rangordnungen gibt. Die eine ist in einem kleinen roten Buch niedergelegt, und jeder kann sie dort nachlesen. Sie ändert sich nicht. Ein General ist immer ranghöher als ein Oberst und ein Oberst höher als ein Hauptmann. Die andere ist nirgends abgedruckt. Bei ihr handelt es sich noch nicht einmal um eine offiziell organisierte geheime Gesellschaft mit Offizieren und Regeln, die man erklärt bekommt, nachdem man aufgenommen wurde. Man wird nie von irgend jemandem offiziell und ausdrücklich aufgenommen. Man entdeckt lediglich nach und nach und auf eher unerklärliche Weise, daß diese Gesellschaft existiert und man nicht dazugehört; und später vielleicht, daß man dazugehört. Es gibt so etwas wie Losungsworte, aber auch sie entstehen spontan und sind nicht offiziell. Ein bestimmter Slang, der Gebrauch bestimmter Spitznamen, bestimmte Anspielungen sind ihre Kennzeichen. Aber sie können sich ändern. Selbst zu einem ganz bestimmten Augenblick ist es nicht leicht zu sagen, wer drinnen ist und wer draußen. Einige sind ganz offensichtlich drinnen, andere ebenso offensichtlich draußen. Aber es gibt auch immer ein paar Menschen, die sich auf der Grenze bewegen. Und wenn man nach sechswöchiger Abwesenheit in dasselbe Divisions- oder Brigadehauptquartier oder dasselbe Regiment oder sogar dieselbe Kompanie zurückkehrt, stellt man unter Umständen fest, daß sich dieses zweite Rangsystem erheblich verändert hat. Es gibt keine offiziellen Aufnahmen oder Entlassungen. Man meint, man sei drinnen, nachdem man schon lange hinausgedrängt oder bevor man überhaupt hineingelassen wurde. Für alle, die wirklich drinnen sind, ist das sehr vergnüglich.

Dieses System hat auch keinen festen Namen. Sicher ist nur, daß die Eingeweihten und die Außenstehenden es verschieden nennen. Von innen kann es, in einfachen Fällen, durch bloße Aufzählung gekennzeichnet sein. Es heißt vielleicht «du und Toni und ich». Wenn es ein relativ festes Gefüge mit nicht häufig wechselnden Mitgliedern ist, heißt es «wir». Wenn es aufgrund eines besonderen Ereignisses plötzlich erweitert werden muß, heißt es «alle vernünftigen Leute hier». Von außen, wenn man es bereits aufgegeben hat, hineinzugelangen, heißt es: «die Bande» oder «Die» oder «So-und-so und sein Verein» oder «die Clique» oder «der innere

Ring». Wenn man sich zu den Aufnahmekandidaten zählt, gibt man ihm vermutlich gar keinen Namen. Mit anderen Außenstehenden darüber zu reden, würde nur das eigne Gefühl des Draußenstehens verstärken. Und es im Gespräch mit dem Mann zu erwähnen, der drinnen ist und vielleicht hineinhelfen könnte, wenn die Unterhaltung einen positiven Verlauf nimmt, wäre Wahnsinn.

Ich hoffe, Sie haben alle, trotz meiner mangelhaften Beschreibung, verstanden, was ich sagen will. Natürlich spreche ich nicht davon, daß Sie in der russischen oder irgendeiner anderen Armee gedient hätten. Aber Sie haben das Phänomen des «inneren Ringes» kennengelernt. Noch vor Ablauf des ersten Schuljahres entdeckten Sie einen dieser «inneren Ringe» in Ihrer Klasse. Und nachdem Sie sich bis zum Ende des nächsten Jahres ziemlich dicht herangearbeitet hatten, mußten Sie feststellen, daß es innerhalb dieses Ringes einen noch exklusiveren Ring gab, der seinerseits nur der Rand des großen Schulrings war, um den die einzelnen Klassenringe kreisten. Es wäre sogar denkbar, daß der Schulring mit einem Lehrerring in Verbindung stand. Sie begannen, die Häute der Zwiebel zu durchdringen. Und ist es verkehrt, wenn ich annehme, daß es auch hier, an Ihrer Universität, in diesem Augenblick – für mich zwar unsichtbar –, in diesem Raum verschiedene Ringe gibt – voneinander unabhängige Systeme oder konzentrische Kreise? Und ich kann Ihnen versichern, daß Sie diese Ringe, die Tolstoi die zweite oder ungeschriebene Subordination nannte, überall in Ihrem späteren Berufsleben antreffen werden, sei es im Krankenhaus, im Gerichtssaal, im Pfarrkreis, in Schule, Geschäft oder Universität.

Bis hierher war alles mehr oder weniger klar. Doch ich frage mich, ob Sie das auch von meinem nächsten Schritt sagen werden, der folgendermaßen aussieht: Ich glaube, daß der Wunsch, innerhalb des örtlichen Ringes zu sein, und die Furcht, nicht hineinzugehören, zu gewissen Zeiten im Leben aller Menschen und im Leben vieler Menschen zu allen Zeiten zwischen Kindheit und hohem Alter eines der beherrschenden Elemente ist. Eine Ausdrucksform dieses Wunsches hat in der Literatur breiten Niederschlag gefunden: der Snobismus.

Die Romane der viktorianischen Zeit sind voll von Figuren, die von dem Wunsch gequält werden, in einen bestimmten Ring, nämlich «die Gesellschaft», hineinzugelangen. Man muß sich jedoch darüber im klaren sein, daß «die Gesellschaft» in diesem Sinne nur einer von mehr als hundert Ringen und der Snobismus darum auch nur eine Spielart des Verlangens ist, hineinzugelangen. Menschen, die sich vom Snobismus frei wissen und es auch wirklich sind und mit einem Gefühl lächelnder Überlegenheit Satiren darüber lesen, können auf andere Weise von demselben Wunsch verzehrt werden. Es kann gerade ihr brennendes Verlangen sein, in einen anderen Ring hineinzukommen, das sie gegenüber den Verlockungen der vornehmen Welt immun sein läßt. Die Einladung einer Gräfin wäre für einen Mann, der darunter leidet, von einem exklusiven Künstler- oder Kommunistenkreis ausgeschlossen zu sein, nur ein schwacher Trost. Armer Mann! Nicht nach großen, hell erleuchteten Sälen, nicht nach Champagner oder Skandalen um Grafen und Minister steht sein Sinn, sondern nach dem kleinen, geheimen Dachboden oder Atelier, den zusammengesteckten Köpfen, den Wolken von Tabaksqualm und dem köstlichen Bewußtsein, daß wir – wir vier oder fünf, die um diesen Ofen kauern – die Leute sind, die *wissen*.

Oft versteckt sich unser Wunsch so gut, daß wir es kaum erkennen, wenn er in Erfüllung geht. Ein Mann erklärt nicht nur gegenüber seiner Frau, sondern auch vor sich selbst, daß es eine Zumutung ist, wegen irgendeiner Sondersache ständig Überstunden machen zu müssen, die er sich nur deshalb hat aufhalsen lassen, weil er und So-und-so und die beiden anderen die einzigen Leute im ganzen Betrieb sind, die sich wirklich auskennen. Doch das stimmt nicht ganz. Natürlich ist es furchtbar lästig, wenn der alte dicke Schmitt Sie beiseitezieht und flüstert: «Hören Sie zu, wir müssen Sie unbedingt in diese Untersuchung hineinkriegen» oder «Karl und ich haben sofort erkannt, daß Sie in diese Kommission gehören». Furchtbar lästig ist das ... aber, wäre es nicht noch viel furchtbarer, wenn man Sie übergehen würde? Es ist anstrengend und ungesund, den Samstagnachmittag zu opfern; aber ihn frei zu haben, bloß weil man nicht zählt, ist viel, viel schlimmer.

Freud würde zweifellos sagen, daß es sich hier um eine Verdrängung des Sexualtriebes handelt. Doch ich frage mich, ob der Schuh nicht am anderen Fuß sitzt; ich frage mich, ob im Zeitalter der Promiskuität nicht manche Unschuld weniger aus Gehorsam gegenüber Venus, denn aus Gehorsam gegenüber den Verführungskünsten der Clique verlorenging. Denn wenn es modern ist, den Partner zu wechseln wie das Hemd, sind alle Keuschen natürlich Außenseiter. Ihnen fehlt etwas, was die anderen wissen. Sie sind nicht eingeweiht. Ebenso verhält es sich bei harmloseren Dingen. Die Zahl derer, die aus ähnlichen Motiven die erste Zigarette rauchten oder sich den ersten Rausch antranken, ist sicher sehr hoch.

Hier muß ich nun präzisieren. Ich will damit nicht sagen, daß das Vorhandensein von «inneren Ringen» etwas Schlechtes ist. Es ist sicher unvermeidbar. Vertrauliche Gespräche muß es geben; und es ist, ganz im Gegenteil, ein gutes Zeichen, wenn zwischen Menschen, die zusammen arbeiten, auch persönliche Freundschaften entstehen. Es ist vielleicht gar nicht möglich, daß die offizielle Hierarchie unserer Organisationen immer mit der tatsächlichen Verteilung der Kompetenzen übereinstimmt. Wenn die gescheitesten und tatkräftigsten Menschen auch immer auf den höchsten Posten säßen, würde es vielleicht übereinstimmen; aber da das oft nicht der Fall ist, muß es Menschen in hohen Positionen geben, die wirkliche Nieten sind, und andere in niedrigeren Positionen, die wichter sind, als ihre Stellung und ihr Dienstalter vermuten lassen. In diesem Sinn ist die Entstehung des zweiten, ungeschriebenen Systems zwingend. Es ist notwendig; und es ist nicht unbedingt nur ein notwendiges Übel. Der Wunsch, der uns in die «inneren Ringe» treibt, ist allerdings ein ganz anderes Problem. Eine Sache mag völlig wertneutral sein, und dennoch kann es gefährlich sein, nach ihr zu verlangen. Wie Byron sagte:

> «Süß eine Erbschaft, doch ist's süßer noch,
> stirbt unerwartet eine alte Dame.»

Der schmerzlose Tod einer frommen Verwandten in vorgerücktem Alter ist nichts Schlechtes. Doch das ernstliche Herbeisehnen ihres Todes von seiten ihrer Erben gilt nicht als schicklich, und das Gesetz mißbilligt jeden noch so leisen Versuch, ihren Abgang zu beschleunigen. Mögen die «inneren Ringe» ein unvermeidbarer und unschuldiger, wenn auch kein schöner Bestandteil unseres Lebens sein. Wie steht es aber mit unserem Verlangen, in sie einzudringen, den Qualen, die wir empfinden, wenn man uns ausschließt, und der Befriedigung, wenn wir hineingelangen?

Es steht mir nicht zu, Vermutungen darüber anzustellen, in welchem Grad Sie eventuell schon betroffen sind. Ich darf Ihnen nicht unterstellen, daß Sie Freunde, die Sie liebten und die Ihnen ein Leben lang treu geblieben wären, zunächst vernachlässigten und schließlich abschüttelten, um um die Freundschaft anderer zu buhlen, die Ihnen wichtiger, eingeweihter erschienen. Ich will nicht danach fragen, ob Sie je an der Einsamkeit und Demütigung der Außenstehenden Gefallen fanden, nachdem Sie selbst drinnen waren; ob Sie sich in der Gegenwart von Außenstehenden mit anderen Mitgliedern des Rings unterhielten, lediglich um deren Neid zu wecken; ob die Methoden, mit denen Sie während Ihrer Probezeit den «inneren Ring» zu besänftigen versuchten, immer bewundernswert waren. Ich stelle Ihnen nur eine Frage – und sie ist natürlich rhetorisch und verlangt keine Antwort: Wenn Sie jetzt auf Ihr bisheriges Leben zurückschauen, hat Sie dann der Wunsch, auf der richtigen Seite dieser unsichtbaren Linie zu sein, jemals zu einer Tat, zu einem Wort gedrängt, auf das Sie in den langen kalten Stunden einer schlaflosen Nacht mit Genugtuung zurückschauen können? Wenn ja, dann sind Sie besser dran als die meisten anderen.

Doch ich wollte Ratschläge geben, und Ratschläge müssen sich mit der Zukunft befassen, nicht mit der Vergangenheit. Ich habe die Vergangenheit nur kurz gestreift, um Ihnen deutlich zu machen, was meiner Meinung nach die wahre Natur des menschlichen Lebens ist. Ich glaube nicht, daß wirtschaftliche oder erotische Motive für alles verantwortlich gemacht werden können, was in der – von uns Moralisten so genannten – Welt vorgeht. Selbst wenn Sie den Ehrgeiz hinzunehmen, ist das Bild noch immer unvollständig. Die Sucht nach dem Esoterischen, das Verlangen, drinnen zu sein, kann viele Formen annehmen, die nicht leicht als Ehrgeiz zu definieren sind.

Natürlich hoffen wir auf handgreiflichen Nutzen aus jedem «inneren Ring», in den wir vordringen: Macht, Reichtum, die Freiheit, Regeln zu durchbrechen, das Umgehen von Routinepflichten, von Disziplin. Doch all das würde uns nicht befriedigen, wenn dazu nicht noch dieses köstliche Gefühl von geheimer Vertrautheit käme. Zweifellos ist es ein nicht zu unterschätzender Vorteil zu wissen, daß wir von unserem offiziellen Vorgesetzten keinen offiziellen Verweis fürchten müssen, weil er ja der alte Schulze ist, ein Mitglied unseres Ringes. Aber wir schätzen diese Vertrautheit nicht nur um der Vorteile willen; wir schätzen die Vorteile, umgekehrt, als Beweis der Vertrautheit.

Das Hauptanliegen meines Vortrags ist es einfach, Sie davon zu überzeugen, daß dieser Wunsch eine der großen, nie nachlassenden Triebfedern allen menschlichen Handelns ist. Er ist einer der Faktoren, der die Welt zu dem macht, was sie ist und wie wir sie kennen – dieses ganze Durcheinander von Kampf, Konkurrenz, Aufruhr, Korruption, Fehlschlägen und Reklame. Und wenn er eine der Triebfedern ist, dann können wir sicher sein, daß dieses Durcheinander herrscht. Solange Sie keine Vorkehrungen dagegen treffen, wird dieser Wunsch eines der Leitmotive Ihres Lebens sein, vom ersten Tag Ihres Berufslebens an bis hin zu dem Tag, an dem Sie zu alt sind, etwas dagegen zu tun. Es wird das Normale sein – das Leben, wie es aus eigenem Antrieb zu Ihnen kommt. Jede andere Form des Lebens wird das Ergebnis bewußter und ständiger Bemühungen sein. Wenn Sie nichts tun, wenn Sie mit dem Strom schwimmen, werden Sie wirklich ein «innerer Ringer» sein. Ich sage nicht, daß Sie erfolgreich sein werden; das bleibe dahingestellt. Aber ganz gleich, ob Sie sich außerhalb von Ringen, in die Sie nie hineingelangen können, grämen und Trübsal blasen oder ob Sie triumphierend immer weiter vordringen – Sie werden solch ein Typ Mensch sein.

Ich denke, ich habe es bereits deutlich genug zum Ausdruck gebracht, daß ich Ihnen das nicht wünsche. Doch vielleicht

36

haben Sie noch Fragen. Ich werde meine Ansicht darum anhand von zwei Begründungen erläutern.

Sicher ist es höflich und liebenswürdig und angesichts Ihres Alters auch angebracht, anzunehmen, daß noch keiner von Ihnen ein Schuft ist. Andererseits ist es nach dem bloßen Gesetz der Wahrscheinlichkeit (ich sage nichts gegen den freien Willen) so gut wie sicher, daß mindestens zwei oder drei aus Ihrer Mitte bis zu ihrem Tode so etwas ähnliches wie Schurken werden. In diesem Saal muß das Potential für mindestens diese Anzahl skrupelloser, verräterischer, unbarmherziger Egotisten[5] vorhanden sein.

Noch haben Sie die Wahl; und ich hoffe sehr, daß Sie meine harten Worte über die mögliche Entwicklung Ihres Charakters nicht als Abwertung Ihres gegenwärtigen Charakters verstehen. Doch ich prophezeie folgendes: Neunzig Prozent von Ihnen wird sich die Entscheidung für oder gegen ein Leben als Schurke, wenn überhaupt, dann auf völlig undramatische Weise präsentieren. Offenkundig böse Menschen, offenkundige Drohungen oder Bestechungen werden Ihnen mit ziemlicher Sicherheit nicht begegnen. Bei einem Drink oder einer Tasse Kaffee, verkleidet als Belanglosigkeit und eingepackt zwischen zwei Scherze, von den Lippen eines Mannes oder einer Frau, die Sie erst vor kurzem näher kennenlernten und noch besser kennenlernen möchten, wird der Wink kommen – gerade in einem Augenblick, in dem Sie besonders darauf bedacht sind, nicht ungehobelt oder naiv oder pedantisch zu wirken.

Der Wink wird nicht ganz im Einklang mit den technischen Regeln des Fairplay stehen; die Masse, die ungebildete, unrealistische Masse, würde ihn nie verstehen; selbst die Außenseiter in Ihrem eigenen Beruf wären imstande, sich darüber zu echauffieren. Aber es geht um etwas, sagt Ihr neuer Freund, was «wir» – und bei dem Wort «wir» müssen Sie sich zusammenreißen, um nicht vor Freude rot zu werden –, etwas, was «wir immer so machen». Und dann werden Sie hineingezogen, wenn Sie sich ziehen lassen, nicht, weil Sie an den Gewinn oder Ihre Bequemlichkeit denken, sondern einfach, weil Sie es in dem Augenblick, in dem der Becher so nahe an Ihren

Lippen ist, nicht ertragen würden, wieder in die kalte äußere Welt zurückgestoßen zu werden. Es wäre furchtbar, mit ansehen zu müssen, wie das Gesicht des anderen – dieses joviale, vertraute, wunderbar intellektuelle Gesicht – plötzlich kalt und abweisend würde. Es wäre furchtbar zu wissen, daß Sie für den «inneren Ring» erprobt und abgestoßen wurden. Und in der nächsten Woche, wenn Sie drinnen sind, werden die Regeln ein bißchen mehr vergessen, im nächsten Jahr noch etwas mehr, aber immer mit der freundlichsten, liebenswürdigsten Gesinnung. Vielleicht endet alles mit einem Zusammenbruch, einem Skandal oder im Zuchthaus; vielleicht aber auch mit Millionen, einem Adelstitel oder einem Ehrendoktor. In jedem Fall aber werden Sie ein Schuft sein.

Das ist mein erster Grund. Von allen Leidenschaften ist die, zum «inneren Ring» zu gehören, am geschicktesten darin, einen Menschen, der noch nicht besonders schlecht ist, dazu zu bringen, Schlechtes zu tun.

Mein zweiter Grund ist der: die Folter, die den Danaiden in der klassischen Unterwelt auferlegt wurde, nämlich Siebe mit Wasser zu füllen, ist nicht nur für ein, sondern für alle Laster symbolisch. Sie ist der Ausdruck eines pervertierten Verlangens, das nach dem Unmöglichen strebt. Der Wunsch, innerhalb einer unsichtbaren Linie zu stehen, verdeutlicht diese Regel. Solange Sie von diesem Wunsch beherrscht werden, werden Sie nie bekommen, was Sie wünschen. Es ist wie der Versuch, eine Zwiebel zu schälen; wenn Sie fertig sind, ist nichts übriggeblieben. Solange Sie nicht Herr werden über die Furcht, draußen zu stehen, werden Sie immer draußen sein.

Wenn Sie einmal darüber nachdenken, wird Ihnen das sicher einleuchten. Wenn Sie aus einem guten Grund einem bestimmten Kreis beitreten wollen – sagen wir, Sie möchten Mitglied eines Musikvereins werden, weil Sie Musik mögen –, dann besteht die Möglichkeit, daß Sie befriedigt werden. Vielleicht finden Sie sich in einem Quartett wieder und haben Freude daran. Aber wenn sich Ihr Bestreben lediglich darauf richtet, mit dabei zu sein, ist das Vergnügen sicher nur von kurzer Dauer. Der Kreis kann von innen nicht den Reiz haben, den er von außen hatte. Allein durch die Tatsache, daß man Sie aufgenommen hat, hat er seine Anziehungskraft verloren. Wenn die erste Neugier gestillt ist, werden die Mitglieder dieses Kreises nicht viel interessanter sein als Ihre alten Freunde. Warum sollten sie auch? Sie haben ja nicht nach Tugend oder Freundlichkeit oder Treue oder Humor oder Gelehrsamkeit oder Geist oder irgend etwas anderem gesucht, woran man sich wirklich freuen kann. Sie wollten lediglich «drinnen» sein. Und das ist eine Freude, die nicht von Dauer sein kann. Ihre neuen Gefährten werden Ihnen bald langweilig werden, und Sie müssen nach einem anderen Ring suchen. Das Ende des Regenbogens ist noch nicht erreicht. Der alte Ring ist nur noch der dunkle Hintergrund für Ihre Bemühungen, in den neuen hineinzukommen.

Und es wird immer schwieriger werden, hineinzukommen. Den Grund dafür kennen Sie sehr gut. Sie selbst machen es, sind Sie erst einmal drinnen, dem nächsten Bewerber so schwer wie möglich, genauso, wie man es Ihnen schwer machte. Das ist ganz natürlich. In jeder gesunden Gruppe von Menschen, die zu einem bestimmten Zweck zusammenkommt, sind die Ausschlüsse in gewissem Sinne zufällig. Drei oder vier Personen, die wegen einer bestimmten Arbeit zusammen sind, schließen andere aus, weil nicht mehr Arbeit vorhanden ist oder weil die Arbeit tatsächlich nicht von anderen erledigt werden kann. Ihre kleine Musikgruppe beschränkt die Zahl ihrer Mitglieder, weil nicht mehr Platz zur Verfügung steht. Aber Ihr echter «innerer Ring» existiert nur um der Ausschlüsse willen. Die unsichtbare Linie hätte keinen Sinn, wären nicht die meisten Menschen auf der falschen Seite. Der Ausschluß ist hier kein Zufall – er ist das Eigentliche.

Das Streben nach dem «inneren Ring» wird Ihnen das Herz brechen, wenn Sie diesen Kreis nicht durchbrechen. Aber wenn es Ihnen gelingt, werden Sie über das Ergebnis staunen. Wenn Sie sich während Ihrer Arbeitszeit wirklich Ihrer Arbeit widmen, werden Sie sich bald unversehens in dem einzigen Kreis wiederfinden, der in Ihrem Beruf wirklich zählt. Sie werden ein zuverlässiger Fachmann sein, und andere zuverlässige Fachleute werden das wissen. Diese Gruppe von Fachleuten wird sich in keiner Weise mit dem «inneren Ring» oder den wichtigen Leuten oder den Eingeweihten decken. Sie wird weder das Berufsbild prägen noch den Einfluß stärken, mit dem der Berufsstand als Ganzes in der Öffentlichkeit auftritt; noch wird sie die regelmäßig auftretenden Skandale und Krisen eines «inneren Ringes» kennen. Aber sie wird die Arbeiten tun, die man von diesem Beruf erwartet, und wird letztendlich für das Ansehen verantwortlich sein, das dieser Beruf wirklich genießt – was weder große Reden noch Reklame bewerkstelligen können.

Und wenn Sie in Ihrer Freizeit nur mit solchen Menschen zusammenkommen, die Sie mögen, werden Sie wiederum feststellen, daß Sie ganz unversehens wirklich drinnen sind. Sie werden sich sicher und behaglich in einem Kreis wiederfinden, der von außen einem «inneren Ring» zum Verwechseln ähnlich sieht. Der Unterschied ist nur, daß sein Geheimnis in der Zufälligkeit liegt und seine Exklusivität ein Nebenprodukt ist. Hier sind lediglich vier oder fünf Menschen, die gern zusammenkommen, um etwas Bestimmtes zu tun. Das ist Freundschaft. Aristoteles zählte sie zu den Tugenden. Ihr verdanken wir vielleicht die Hälfte allen Glücks auf dieser Welt – und sie ist in keinem «inneren Ring» zu finden.

Die Schrift sagt uns, daß jeder, der bittet, empfängt. Das ist in mancher Beziehung wahr. Doch ich möchte darauf jetzt nicht weiter eingehen. Andererseits liegt aber auch sehr viel Wahrheit in der Schülersentenz, daß «die, die bitten, nichts bekommen». Einem jungen Menschen an der Schwelle zum Erwachsenenleben erscheint die Welt voller «Innen», voller Ringe und Geheimnisse, und er möchte in sie hineindringen. Doch wenn er diesem Wunsch folgt, wird er kein «Innen» finden, in das sich einzudringen lohnt. Der richtige Weg führt in eine ganz andere Richtung, wie bei dem Haus in «Alice hinter den Spiegeln»[a].

---

a) *Alice hinter den Spiegeln* (Through the Looking-Glass): Phantasievoll, hintergründig skurriles Kinderbuch von *Lewis Carroll* (Pseudonym des englischen Mathematikprofessors C.L. Dodgson, 1832–98). Noch bekannter ist sein davor entstandenes «Alice im Wunderland».

Ist Theologie Dichtung?

Das Thema «Ist Theologie Dichtung?», über das zu sprechen ich gebeten wurde, habe ich mir nicht selbst ausgewählt. Es geht mir eher wie einem Examenskandidaten; dem Rat meiner Lehrer folgend, versuche ich zunächst zu beweisen, daß ich die Frage verstanden habe.

Unter Theologie verstehen wir, so vermute ich, die systematische Zusammenstellung von Aussagen über Gott und das Verhältnis des Menschen zu ihm, die von den Anhängern einer Religion gemacht werden. Und in Anbetracht meines Publikums darf ich wohl davon ausgehen, daß Theologie grundsätzlich christliche Theologie meint. Ich wage diese Vermutung um so mehr, als ich auch einiges über mein Verständnis anderer Religionen mit einbeziehen werde. Es darf darüber hinaus nicht vergessen werden, daß nur sehr wenige Religionen der Welt eine Theologie haben. Die Griechen zum Beispiel kannten kein allgemeingültiges, systematisches Gebäude von Glaubenssätzen über Zeus.

Der andere Begriff, «Dichtung», ist erheblich schwieriger zu definieren. Aber ich kann die Frage, die meine Prüfer im Sinn hatten, wohl auch ohne genaue Definition erläutern, indem ich zunächst ausklammere, was sie mich nicht gefragt haben. Sie haben mich nicht gefragt, ob Theologie in Versform abgefaßt ist. Sie haben mich auch nicht gefragt, ob die meisten Theologen Meister eines «einfachen, ansprechenden und leidenschaftlichen» Stils seien. Sie meinten, nehme ich an, das Folgende: «Ist Theologie *lediglich* Dichtung?» oder etwas erweitert: «Bietet uns die Theologie bestenfalls die Art von Wahrheit, die wir, laut einigen Kritikern, in der Dichtung vorfinden?»

Die erste Schwierigkeit bei der Beantwortung dieser Frage begegnet uns darin, daß es keinen Konsens darüber gibt, was «dichterische Wahrheit» bedeutet, oder ob es etwas derartiges überhaupt gibt. Darum werde ich meinen Ausführungen nur einen sehr vagen Begriff von Dichtung zugrundelegen, als eines Stils, der unsere Phantasie anregt und teilweise befriedigt. Die Frage, die ich zu beantworten habe, lautet dann folgendermaßen: Verdankt die christliche Theologie ihre Anziehungskraft der Fähigkeit, die menschliche Phantasie anzuregen und zu befriedigen? Verwechseln alle, die glauben, ästhetische Begeisterung mit intellektueller Zustimmung, oder stimmen sie zu, weil sie begeistert sind?

Angesichts dieser Frage konzentriere ich meine Untersuchungen automatisch auf den Gläubigen, den ich am besten kenne – auf mich selbst. Und das erste, was ich entdecke oder zu entdecken meine, ist, daß die Theologie, wenn sie wirklich Dichtung ist, in meinen Augen nicht besonders gut ist.

Betrachtet man die Lehre von der Dreieinigkeit als Dichtung, so scheint sie zwischen zwei Stühlen zu sitzen: Sie hat weder die monolithische Größe streng unitarischer Gedankengänge noch den Reichtum des Polytheismus. Die Allmacht Gottes ist, für meinen Geschmack, kein dichterischer Vorteil. Odin, der gegen Feinde kämpft, die nicht seine eigenen Geschöpfe sind und die ihn schließlich besiegen werden, hat etwas Heldenhaftes, das dem Gott der Christen fehlt. Auch das christliche Bild des Universums ist in gewissem Sinne dürftig. Man nimmt zwar an, daß es einen zukünftigen Staat, daß es supranaturale Wesen gibt, aber man erhält darüber nur ganz vage Andeutungen. Schließlich, und das ist das Schlimmste, gerät die gesamte Geschichte des Kosmos, obwohl sie tragischer Elemente nicht entbehrt, nicht zur Tragödie. Das Christentum bietet weder den Reiz des Optimismus noch den des Pessimismus. Es zeigt das Leben des Universums als ein Abbild des sterblichen Menschenlebens auf unserem Planeten, eines «verworrenen Garns, Gut und Böse nebeneinander». Die majestätischen Simplifizierungen des Pantheismus wie das dichte Gestrüpp des Heidentums erscheinen mir beide auf ihre Art anziehender. Dem Christentum fehlt sowohl die

Ordnung des einen wie die reizvolle Vielfalt des anderen. Denn ich gehe davon aus, daß die Phantasie zweierlei besonders liebt. Zum einen nimmt sie ihr Objekt gern völlig und auf einen einzigen Blick in sich auf; sie verlangt nach dem Harmonischen, Symmetrischen, das für sich selbst spricht. Das ist der klassische Begriff der Phantasie, für den der Parthenon gebaut wurde. Sie liebt es aber ebenso, sich in einem Labyrinth zu verlieren, sich dem Unentwirrbaren auszuliefern. Das ist die romantische Phantasie; für sie wurde das Orlando Furioso[6] geschrieben. Doch die christliche Theologie kann weder die eine noch die andere befriedigen.

Wenn das Christentum lediglich eine Mythologie ist, dann muß ich feststellen, daß ich nicht an die Mythologie glaube, die mir am liebsten wäre. Die griechische Mythologie ist mir viel lieber, noch mehr die irische und am liebsten die nordische.

Nachdem ich mich solchermaßen untersucht habe, frage ich als nächstes, inwiefern mein Fall ein besonderer ist. Sicher ist er nicht einzigartig. Es ist nämlich gar nicht so selbstverständlich, daß sich die Phantasie der Menschen immer an den Bildern des Übernatürlichen erfreute, an die sie glaubte. Zwischen dem zwölften und dem siebzehnten Jahrhundert scheint Europa schier unerschöpflichen Gefallen an der klassischen Mythologie gefunden zu haben. Wären Menge und Stil der Bilder und Gedichte ein Kriterium für den Glauben, so müßten wir annehmen, daß diese Jahrhunderte heidnisch waren; was, wie wir wissen, nicht stimmt.

Es scheint, als sei die Verwechslung von schwärmerischer Begeisterung und intellektueller Zustimmung, die den Christen vorgeworfen wird, bei weitem nicht so verbreitet oder so leicht zu vollziehen, wie manche Leute annehmen. Selbst Kinder leiden, glaube ich, nur selten daran. Ihrer Phantasie bereitet es keine Schwierigkeiten, sich in einen Bär oder ein Pferd zu verwandeln; aber ich erinnere mich nicht, daß eines von ihnen jemals der geringsten Täuschung unterlegen ist. Wäre es nicht eher denkbar, daß der Glaube Elemente enthält, die eine schwärmerische Begeisterung erschweren? Der empfindsame, gebildete Atheist scheint sich manchmal am ästhetischen Schmuck des christlichen Glaubens in einer Weise zu erfreuen, um die ihn der Gläubige nur beneiden kann. Die modernen Poeten zum Beispiel finden in einer Weise an den griechischen Göttern Gefallen, für die ich in der griechischen Literatur selbst keinen Hinweis finde. Welche Szene der alten Mythologien könnte sich auch nur einen Augenblick mit Keats' *Hyperion*[7] messen? In gewisser Hinsicht wird eine Mythologie für unsere Phantasie untauglich, sobald wir an sie glauben. Elfengeschichten sind in England populär, weil wir nicht daran glauben; auf den Arran- oder Connemara-Inseln sind sie überhaupt nicht lustig.

Ich will jedoch nicht zu weit gehen. Ich habe angedeutet, daß der Glaube ein System für unsere Phantasie «in gewisser Hinsicht» untauglich macht. Aber nicht in jeder. Würde ich anfangen, an Elfen zu glauben, so würde mir das Vergnügen, das ich jetzt beim Lesen des *Mittsommernachtstraums* empfinde, sicher bald verlorengehen. Doch nach einiger Zeit, in der die Elfen zu einem realen Bestandteil meines Universums wurden und einen festen Platz in meiner Gedankenwelt eingenommen haben, kann ich auf eine neue Art an ihnen Gefallen finden.

Unsere Betrachtungsweise dessen, was wir für wirklich halten, wird immer, zumindest bei einigermaßen empfindsamen Menschen, von einer gewissen ästhetischen Genugtuung begleitet – einer Genugtuung, die eben gerade davon abhängt, ob wir etwas für real halten oder nicht. Die bloße Tatsache, daß eine Sache existiert, gibt ihr Würde und Gewicht. So gibt es, wie Balfour[8] in *Theismus und Humanismus* (einem viel zu wenig gelesenen Buch) deutlich macht, eine Vielzahl historischer Tatsachen, die uns weder belustigen noch ergreifen müßten, wenn wir sie für reine Erfindung hielten; doch sobald wir an ihre Realität glauben, empfinden wir, zusätzlich zu unserer intellektuellen Genugtuung, einen gewissen ästhetischen Gefallen an ihnen.

Die Geschichte des Trojanischen Krieges und die Geschichte der Napoleonischen Kriege üben beide eine ästhetische Wirkung auf uns aus. Die Wirkungen aber sind verschieden. Und diese Unterschiede rühren nicht allein daher, daß es sich eben um verschiedene Geschichten handelt, auch wenn wir keine von beiden glauben. Die *Art* von Gefallen, die wir beim Betrachten der Napoleonischen Kriege empfinden, ist einzig deshalb anders, weil wir an ihre Realität glauben. Etwas, woran man glaubt, *empfindet* man anders als etwas, woran man nicht glaubt. Und dieser besondere Geschmack entbehrt nach meiner Erfahrung nie einer gewissen schwärmerischen Begeisterung. Darum ist die Behauptung, die Christen würden auch ästhetischen Gefallen an ihrem Weltbild finden, nachdem sie es als wahr anerkannt haben, richtig. Jeder Mensch, so glaube ich, findet an dem Weltbild Gefallen, das er für sich akzeptiert; denn die Geschlossenheit und Endgültigkeit der Wirklichkeit ist an sich bereits ein ästhetischer Stimulus. In diesem Sinne werden sowohl die christliche Lehre wie auch der Leben-und-Kraft-Kult, der Marxismus und die Lehre Freuds für ihre Anhänger zu «Poesie». Was aber nicht heißt, daß sie sich aus diesem Grund dafür entschieden. Ganz im Gegenteil, diese Poesie ist Ergebnis, nicht Grund, ihres Glaubens. Theologie ist für mich *deshalb* poetisch, weil ich an sie glaube; ich glaube nicht an sie, weil sie poetisch wäre.

Der Vorwurf, Theologie sei reine Dichtung, wenn damit gemeint ist, daß Christen daran glauben, weil sie die Theologie vorgängig für das poetisch reizvollste aller Weltbilder halten, erscheint mir darum im höchsten Grade unlogisch. Es mag Beweise für solch einen Vorwurf geben, die sich meiner Kenntnis entziehen; die Beweise, die ich kenne, sprechen dagegen.

Ich möchte damit nicht behaupten, die Theologie sei, bevor man an sie glaubt, ohne jeglichen ästhetischen Wert. Aber sie ist den meisten ihrer Konkurrenten in dieser Beziehung nicht überlegen. Betrachten Sie für einen Augenblick den enormen ästhetischen Anspruch ihres derzeitigen Hauptkonkurrenten – wir wollen ihn ganz frei als die «Wissenschaftliche Weltanschauung» bezeichnen –, des Weltbildes von Mr. Wells und seinen Anhängern.[a]

---

a) Ich behaupte nicht, daß die Wissenschaftler an dieses Weltbild als Ganzes glauben. Die Bezeichnung «Wellsianismus» (die einer der Teilnehmer während der Diskussion erfand) wäre viel besser als «Wissenschaftliche Weltanschauung».

Angenommen, es handelt sich hier um einen Mythos, ist es dann nicht einer der schönsten, den menschliche Phantasie sich je erdenken konnte? Das Spiel wird eingeleitet von einem Präludium, das trostloser nicht sein könnte: unendliche Leere; Materie, die in ständiger Bewegung ist, um etwas hervorzubringen, was sie selbst nicht kennt. Und plötzlich, durch den billionsten Zufall – welch tragische Ironie –, fließen die Bedingungen an einem Punkt in Raum und Zeit zusammen zu jenem schwachen Ferment, das den Anfang des Lebens bedeutet. Alles scheint sich gegen den jungen Helden unseres Dramas zu stellen – so, wie sich zu Beginn jedes Märchens alles gegen den jüngsten Sohn oder die mißhandelte Stieftochter stellt. Doch irgendwie setzt das Leben sich durch. Unter unendlichem Leiden, trotz schier unüberwindlicher Hindernisse, breitet es sich aus, pflanzt sich fort, kompliziert sich: von der Amöbe zur Pflanze, zum Reptil und weiter zum Säugetier.

Wir werfen einen kurzen Blick auf das Zeitalter der Ungeheuer. Drachen durchstreifen die Erde, verschlingen einander und sterben. Dann erscheint wieder das Thema des jüngsten Sohnes und des häßlichen Entleins. Wie der schwache kleine Lebensfunke inmitten der feindlichen und leblosen Umgebung seinen Anfang nahm, so auch jetzt: Inmitten von wilden Tieren, die viel größer und stärker sind als er, sehen wir nun eine kleine nackte, zitternde, kauernde Kreatur, schlurfend, noch nicht ganz aufgerichtet und wenig verheißungsvoll: das Produkt eines weiteren abermillionsten Zufalls. Doch irgendwie gedeiht sie. Sie wird zum Höhlenmenschen mit seiner Keule und seinen Feuersteinen, der über den Knochen seiner Feinde murrt und brummt, seine schreiende Gefährtin an den Haaren hinter sich herzerrt (mir war nie ganz klar, warum), seine Kinder in glühendem Zorn in Stücke reißt, bis eines von ihnen alt genug ist, um ihn zu zerreißen, und vor den furchterregenden Göttern kauert, die er sich nach seinem Bilde erschaffen hat. Doch es wird noch schlimmer kommen. Warten wir auf den nächsten Akt.

Jetzt wird er wirklich Mensch. Er lernt, die Natur zu beherrschen. Die Wissenschaft kommt und zerstreut den

Aberglauben seiner Kindheit. Mehr und mehr wird er selbst seines Glückes Schmied. Wir überfliegen die Gegenwart (denn nach unserem Zeitmaßstab ist sie ein bloßes Nichts) und folgen ihm in die Zukunft. Jetzt sehen wir ihn im letzten Akt, wenn auch noch nicht der letzten Szene, dieses großen Mysterienspiels. Eine Rasse von Halbgöttern regiert den Planeten – und vielleicht mehr als nur ihn –, denn die Eugenik hat dafür gesorgt, daß nur noch Halbgötter geboren werden; die Psychoanalyse, daß keiner von ihnen sein göttliches Wesen verliert oder besudelt; und der Kommunismus, daß alles, was sie für ihre Göttlichkeit brauchen, zur Verfügung steht. Der Mensch hat seinen Thron bestiegen. Von nun an hat er nichts weiter zu tun, als Tugend zu üben, an Weisheit zuzunehmen und glücklich zu sein.

Und nun bitte ich, den letzten Geniestreich zu beachten. Wenn der Mythos hier enden würde, wäre er banal. Ihm würde die letzte Erhabenheit fehlen, deren die menschliche Vorstellungskraft fähig ist. Die letzte Szene stößt alles um. Wir sehen die Götterdämmerung. Die ganze Zeit hindurch hat leise und unaufhörlich und außerhalb jeder menschlichen Reichweite die Natur, der alte Feind, an unserem Bild genagt. Die Sonne erkaltet – alle Sonnen werden erkalten –, und die Uhr des Universums ist abgelaufen. Das Leben (jede Form des Lebens) wird, ohne Aussicht auf Wiederkehr, aus jedem Zentimeter des unendlichen Alls verbannt. Alles endet im Nichts, und «ewige Finsternis bedeckt alles». Die Konzeption unseres Mythos offenbart sich als eine der edelsten, die wir uns vorstellen können. Sie liegt allen Elisabethanischen Tragödien zugrunde, in denen die Entwicklung des Helden als eine langsam ansteigende und plötzlich steil abfallende Kurve gezeichnet werden kann, mit ihrem Höhepunkt in Akt IV. Wir sehen ihn immer weiter emporklimmen, auf der Höhe seines Ruhms hell erstrahlen und schließlich vom Verderben übermannt werden.

Solch ein Weltendrama spricht alle Saiten in uns an. Die frühen Kämpfe des Helden (wie geschickt das Thema wiederholt wird; erst wird es vom Leben gespielt, dann vom Menschen) appellieren an unseren Edelmut. Seine weitere Entwicklung gibt Anlaß zu berechtigtem Optimismus; denn das tragische Ende liegt in so weiter Ferne, daß man noch nicht daran zu denken braucht – wir arbeiten schließlich mit Jahrmillionen. Und das tragische Ende selbst trägt gerade jene Züge von Ironie und Größe, die uns herausfordern und ohne die alles reizlos wäre. Dieser Mythos ist von einer solchen Schönheit, daß er in der Dichtung weit mehr Beachtung verdiente als bislang. Ich hoffe, daß sich ein großes Genie seiner annehmen wird, bevor der unaufhörliche Strom der philosophischen Entwicklung ihn mit sich fortreißt. Die Schönheit, von der ich hier spreche, ist natürlich völlig unabhängig davon, ob wir an diesen Mythos glauben oder nicht. Hier spreche ich aus Erfahrung; denn obwohl ich weniger als die Hälfte von dem glaube, was mir hier über die Vergangenheit gesagt wird, und weniger als nichts von dem, was man mir über die Zukunft sagt, bin ich doch zutiefst bewegt, wenn ich diesen Mythos betrachte. Die einzige andere Geschichte, die mich in gleicher Weise bewegt – es sei denn, sie sei lediglich eine Variation desselben Themas –, ist *der Ring der Nibelungen (Enden sah ich die Welt!)*

Wir können die Theologie deshalb nicht ablehnen, nur weil sie auch poetische Züge trägt. Alle Weltanschauungen beinhalten für den, der an sie glaubt, Poesie – allein durch die Tatsache, daß sie geglaubt werden. Und fast alle haben gewisse poetische Züge, ob man sie glaubt oder nicht. Damit müssen wir rechnen. Der Mensch ist ein poetisches Wesen und rührt nichts an, was er nicht ausschmücken kann.

Hier muß ich nun auf zwei weitere Gedankengänge eingehen, die dazu führen könnten, die Theologie als bloße Dichtung abzutun. Zum einen enthält sie zweifellos eine Reihe von Elementen, die wir in vielen der frühen, und sogar heidnischen, Religionen wiederfinden. Diese Elemente in den frühen Religionen erscheinen uns heute als erdichtet. Das Problem ist recht kompliziert. Wir betrachten den Tod Baldurs und seine Wiederkehr heute als eine dichterische Idee, einen Mythos. Und der Schluß liegt nahe, daß auch Tod und Auferstehung Christi eine dichterische Idee, ein Mythos, sein müssen. Aber in Wirklichkeit gehen wir nicht von der *Voraussetzung* aus «beide sind Dichtung» und folgern dann «also sind beide unwahr». Der poetische Reiz an Baldur rührt meines Erachtens daher, daß wir nicht mehr an ihn glauben; so daß der tatsächliche Ausgangspunkt unserer Argumentation nicht das poetische Experiment, sondern der Unglaube ist. Doch das ist vielleicht schon zu spitzfindig, und ich werde den Gedanken nicht weiter ausführen.

Welches Licht wirft das Vorhandensein ähnlicher Elemente in heidnischen Religionen wirklich auf den Wahrheitsgehalt der christlichen Theologie? Die Antwort wurde uns kürzlich durch Mr. Brown gegeben: Wenn man die Hypothese aufstellt, die christliche Lehre sei wahr, so kann man allen Übereinstimmungen mit anderen Religionen nur aus dem Wege gehen, indem man behauptet, diese seien zu hundert Prozent unwahr. Worauf, Sie entsinnen sich, Professor Price zustimmend antwortete: «Genau. Unser Schluß aus den vorhandenen Ähnlichkeiten darf nicht sein ‹umso schlimmer für die Christen›, sondern ‹umso besser für die Heiden›.»

Wir müssen erkennen, daß die vorhandenen Ähnlichkeiten weder für noch gegen die Wahrheit der christlichen Theologie sprechen. Geht man von der Behauptung aus, die Theologie sei unwahr, so lassen sich die Ähnlichkeiten leicht damit in Einklang bringen. Man möchte erwarten, daß Geschöpfe der gleichen Art angesichts desselben Universums mehr als einmal den gleichen falschen Schluß ziehen. Doch geht man davon aus, daß die Theologie wahr ist, so lassen die Ähnlichkeiten sich genauso mühelos einordnen. Wenn die Theologie sagt, daß den Christen und (zuvor) den Juden eine besondere Erleuchtung zuteil wird, sagt sie doch auch, daß allen Menschen eine gewisse göttliche Erleuchtung gewährt wird. Das göttliche Licht, so wird uns gesagt, «erleuchtet alle Menschen». Darum sollten wir damit rechnen, auch in den Vorstellungen großer heidnischer Lehrer und Mythen-Erfinder einen Abglanz des Themas vorzufinden, das für uns Grundriß der gesamten Weltengeschichte ist – des Themas von Menschwerdung, Tod und Wiedergeburt.

Aber auch die Unterschiede zwischen den heidnischen Christussen (Baldur, Osiris usw.) und Christus selbst sollten wir erwarten: Die heidnischen Geschichten drehen sich alle um ein Wesen, das stirbt und wiederaufersteht, sei es jedes Jahr, oder sei es, daß niemand Zeit und Stunde kennt. Die christliche Geschichte hingegen dreht sich um eine historische Persönlichkeit, deren Hinrichtung unter einem namentlich bekannten römischen Staatsbeamten ziemlich genau datierbar ist und von der eine direkte Verbindung bis in unsere Tage gezogen werden kann. Dabei geht es nicht so sehr um die Unterscheidung zwischen wahr und unwahr als um die Unterscheidung zwischen einem tatsächlichen Ereignis einerseits und verschwommenen Träumen und Ahnungen von demselben Ereignis andererseits.

Stellen Sie sich vor, Sie wollen mit dem Fernrohr einen Gegenstand nah heranholen; zuerst hängt er vage und riesig in den Wolken von Mythos und Ritual; dann verdichtet er sich, wird härter und in gewissem Sinne kleiner und läßt sich als historisches Ereignis im Palästina des ersten Jahrhunderts lokalisieren. Dieses stufenweise Heranholen setzt sich sogar in der christlichen Tradition selbst fort. Die ersten Schichten des Alten Testamentes beinhalten viele Wahrheiten in einer Form, die ich für Legenden, wenn nicht gar Mythen halte – sie hängen gewissermaßen in den Wolken. Doch nach und nach verdichtet sich die Wahrheit, wird immer historischer. Von Noahs Arche oder der Sonne, die über Askalon stillsteht, kommen wir zu den Berichten vom Hofe König Davids. Schließlich erreichen wir das Neue Testament, die Geschichte regiert, und die Wahrheit wurde Mensch – wobei «Mensch werden» mehr ist als eine Metapher. Es ist kein Zufall, daß das, was unter dem Aspekt des Geschöpflichen mit «Gott wurde Mensch» wiedergegeben wird, unter dem Aspekt des menschlichen Wissens die Aussage «Mythos wurde Wirklichkeit» umfaßt. Die wesentliche Bedeutung aller Dinge kam vom «Himmel» des Mythos herab auf die «Erde», in Raum und Zeit. Damit entäußerte sie sich ihres Ruhmes, wie auch Christus sich seiner Herrlichkeit entäußerte, um Mensch zu werden.

Hier haben wir den tatsächlichen Grund dafür, daß die Theologie weit von einer poetischen Überlegenheit über ihre

Konkurrenten entfernt ist. Bei oberflächlicher, aber dennoch ernstzunehmender Betrachtung ist sie sogar weit weniger poetisch als alle anderen Religionen. In eben diesem Sinne ist auch das Neue Testament weniger poetisch als das Alte. Haben Sie im Gottesdienst nicht auch manchmal das Empfinden, als sei die zweite Lesung im Vergleich zur ersten, man möchte fast sagen – langweilig? Aber so muß es sein. Das ist die Erniedrigung des Mythos in die Wirklichkeit, die Erniedrigung Gottes in den Menschen. Das Unendliche und Ewige, Unvorstellbare und Erhabene, das man nur im Traum, als Symbol oder im poetischen Gewand der rituellen Handlung erblicken kann, wird klein und nimmt Gestalt an – wird nicht größer als ein Mann, der schlafend in einem Ruderboot auf dem See Genezareth liegt. Sie können natürlich einwenden, daß darin eine noch viel größere Poesie liegt. Ich werde Ihnen nicht widersprechen. Erniedrigung führt zu größerer Herrlichkeit. Doch die Erniedrigung Gottes und das Zusammenschrumpfen bzw. die Verdichtung des Mythos in die Wirklichkeit haben stattgefunden.

Ich habe soeben das Wort Symbol gebraucht. Das führt mich zur letzten Überschrift, unter der ich den Vorwurf, Theologie sei «bloße Dichtung», betrachten will. Die Theologie hat zweifellos mit der Dichtung die bild- und symbolhafte Sprache gemein. Die erste Person der Dreieinigkeit ist nicht im leiblichen Sinn Vater der zweiten. Die zweite Person kam nicht im gleichen Sinn auf die Erde «herab» wie ein Fallschirmspringer, noch fuhr sie in den Himmel auf wie ein Ballon, noch sitzt sie buchstäblich zur Rechten des Vaters. Warum redet die Christenheit dann aber so, als sei alles tatsächlich so geschehen? Der Agnostiker behauptet, weil die Menschen, die die christliche Lehre erfanden, naiv und unwissend waren und alle Aussagen wörtlich nahmen; und wir Christen heute benutzten aus Scheu oder Tradition die gleiche Sprache. Wir werden, um mit Professor Price zu sprechen, oft aufgefordert, die Schale fortzuwerfen und den Kern zu behalten. – Hier stellen sich zwei Fragen:

1. Was glaubten die frühen Christen? Glaubten sie wirklich, daß Gott einen Palast im Himmel hat und sein Sohn auf einem

prunkvollen Thron etwas rechts von dem seinen sitzt – oder glaubten sie es nicht? Die Antwort ist einfach. Die Alternative, die wir ihnen heute anbieten, hat sich ihnen vermutlich nie gestellt. Und wir wissen genau, auf welche Seite sie sich schlugen, nachdem das Problem sich ihnen präsentierte. Sobald sich die Kirche im, ich glaube, zweiten Jahrhundert mit dem Anthropomorphismus konfrontiert sah, verurteilte sie ihn. Die Kirche wußte die Antwort (nämlich, daß Gott keinen Körper hat und deshalb nicht auf einem Stuhl sitzen kann), sobald sie die Frage kannte. Aber bevor die Frage gestellt wurde, glaubten die Menschen natürlich weder an die eine noch die andere Antwort.

Es gibt in der Geschichte des Denkens keinen verhängnisvolleren Irrtum als den Versuch, unsere Vorfahren auf eine Entscheidung für oder gegen ein Problem festzulegen, das sich ihnen nicht stellte. Das heißt, eine Frage aufwerfen, auf die es keine Antwort gibt. Es ist durchaus wahrscheinlich, daß die meisten Christen der ersten Generation in anthropomorphischen Bildern über ihren Glauben dachten, wobei sie sich nicht bewußt waren (wie wir das heute wären), daß es sich um Symbole handelte. Doch das bedeutet nicht, daß sich ihr Glaube im wesentlichen mit Details über einen himmlischen Thronsaal befaßte. Jeder von ihnen hätte die Symbole sofort als solche erkannt – hätte er die Möglichkeit gehabt, in Alexandria Philosophie zu studieren –, ohne daß dies seinen Glauben entscheidend beeinflußt hätte. Die Vorstellung, die ich mir in Gedanken von einem College in Oxford machte, bevor ich eines sah, differierte erheblich von der Wirklichkeit. Doch das bedeutete nicht, daß meine Grundvorstellung über ein Oxford-College eine Täuschung war. Die konkreten Bilder hatten mein Denken begleitet, aber mein Interesse galt nicht vornehmlich ihnen, und viele meiner Vorstellungen waren trotz allem richtig. Was wir denken und was wir uns beim Denken vorstellen, sind zwei verschiedene Probleme.

Die frühen Christen glichen nicht so sehr einem Mann, der die Schale für den Kern hält, als einem Mann, der eine Nuß mit sich trägt, die er noch nicht geöffnet hat. Sobald sie geknackt wird, weiß er, welchen Teil er fortwerfen muß. Doch bis dahin begnügt er sich mit der Nuß – nicht, weil er ein Narr wäre, sondern gerade, weil er keiner ist.

2. Wir werden aufgefordert, unseren Glauben ohne Zuhilfenahme von Metaphern und Symbolen zu formulieren. Wir tun es nicht, weil wir es nicht können. Wir können, wenn Sie wollen, sagen «Gott trat in die Geschichte ein» anstelle von «Gott kam herab auf die Erde». Aber «trat ein» ist genauso bildhaft wie «kam herab». Wir haben lediglich eine vertikale durch eine horizontale oder unbestimmte Bewegung ersetzt. Wir können unsere Sprache dümmer machen; aber sie wird dadurch nicht weniger symbolhaft. Wir können prosaischere Bilder gebrauchen; aber sie wird dadurch nicht weniger bildhaft.

Dabei sind wir Christen nicht einmal allein mit diesem Unvermögen. Dazu ein Zitat des bekannten nichtchristlichen Schriftstellers Dr. I.A. Richards[9]: «Darum kann nur jener Abschnitt eines geistigen Vorgangs bekannt genannt werden, der durch hereinkommende (Sinnes-)Impulse oder durch Auswirkungen in der Vergangenheit liegender Sinnesimpulse ausgelöst wird. Die Einschränkung bringt natürlich Komplikationen mit sich.» Dr. Richards will damit nicht etwa sagen, daß der Vorgang im buchstäblichen Sinne «ausgelöst» wird, noch daß er «durch» Impulse zustandekommt, wie man ein Paket «durch» eine Halle trägt. Und im zweiten Satz, «Die Einschränkung bringt Komplikationen mit sich», meint er nicht, daß ein Kranker einen Rückschlag erleidet, nur weil man sich einschränken und sparsam sein muß. Mit anderen Worten: Alle Sprache über Nichtgegenständliches kann gar nicht anders sein als metaphorisch.

Aus allen vorgenannten Gründen glaube ich daher (obwohl wir schon vor Freud wußten, daß das Herz trügerisch ist), daß die Menschen, die die Theologie für wahr halten, sich nicht notwendigerweise mehr von ihrem Geschmack als von der Vernunft leiten lassen. Das so oft gemalte Bild von den Christen, die sich auf einem immer schmaler werdenden Küstenstreifen aneinanderdrängen, während die Flut der «Wissenschaft» immer höher und höher steigt, läßt sich aufgrund meiner Erfahrung nicht bestätigen. Jener großartige Mythos, den wir vor ein paar Minuten gemeinsam betrachteten, ist für mich keine feindliche Macht, die meinen Glauben erschüttern könnte. Ganz im Gegenteil. Von dieser Kosmologie bin ich ausgegangen. Lange bevor ich mich zum christlichen Glauben bekehrte, begann ich an dieser Lehre zu zweifeln und sie schließlich aufzugeben. Lange bevor ich glaubte, daß die Theologie recht hat, war ich zu dem Schluß gekommen, daß das gängige Bild der Wissenschaft auf jeden Fall falsch ist. Es ist nämlich mit einem ganz entscheidenden inneren Widerspruch behaftet: Das gesamte Bild behauptet, auf Rückschlüssen aus gemachten Beobachtungen zu basieren. Wenn kein Rückschluß möglich ist, löst sich das Bild auf. Solange wir uns nicht darauf verlassen können, daß die Wirklichkeit im entferntesten Nebelfleck, im entferntesten Teil des Universums den Gedanken und Gesetzen des menschlichen Wissenschaftlers hier und jetzt in seinem Labor gehorcht – das heißt, solange die Vernunft nicht absolut ist –, liegt alles in Scherben.

Doch diejenigen, die mich auffordern, an dieses Weltbild zu glauben, wollen mich auch glauben machen, daß die Vernunft lediglich ein unvorhergesehenes und unbeabsichtigtes Nebenprodukt unbelebter Materie in einem Stadium ihrer endlosen und ziellosen Bewegung ist. Ist das nicht ein glatter Widerspruch? Im gleichen Atemzug fordert man mich auf, eine Schlußfolgerung anzuerkennen und das einzige Zeugnis, auf dem sie basieren kann, in Zweifel zu ziehen. Dieser Widerspruch erscheint mir verhängnisvoll. Die Tatsache, daß viele Wissenschaftler nicht einmal verstehen, wo die Schwierigkeit liegt, geschweige denn eine Antwort auf entsprechende Fragen haben, bestärkt mich in der Annahme, daß ich hier nicht etwa ein «Gemsenei», sondern ein radikales Übel an ihrem Denkansatz entdeckt habe. Jeder, der dies erst einmal begriffen hat, wird von da an die wissenschaftliche Kosmologie prinzipiell als einen Mythos betrachten müssen; auch wenn man zweifellos viele wahre Details in sie eingearbeitet hat.[b]

---

b) Angesichts des mythischen Charakters des beschriebenen Weltbildes ist es nicht uninteressant, darauf hinzuweisen, daß die zwei Werke, die dieses Weltbild am phantastischsten und vollkommensten beschreiben, nämlich Keats' *Hyperion* und der *Ring der Nibelungen* vor *Darwin* entstanden.

Nach diesen Betrachtungen ist es kaum noch der Mühe wert, auf kleinere Probleme einzugehen. Doch gibt es deren viele, und sie sind durchaus auch ernstzunehmen. Die Bergson'sche Kritik des orthodoxen Darwinismus ist schwer zu widerlegen. Weit beunruhigender ist seine Verteidigung durch Professor D.M.S.Watson. «Die Evolutionslehre», so schrieb er[10], «wird von den Zoologen nicht deshalb anerkannt, weil sie tatsächlich beobachtet würde oder ... durch logisch zusammenhängende Fakten nachzuweisen wäre, sondern weil die einzige Alternative, ein Schöpfungsakt, völlig undenkbar ist.» – Ist es schon so weit gekommen? Beruht das ganze Gebäude des modernen Naturalismus also nicht auf eindeutigen Beweisen, sondern lediglich auf einem metaphysischen Vorurteil? Wurde es aufgerichtet, nicht um Tatsachen zu belegen, sondern um Gott auszuklammern?

Doch selbst wenn die Evolutionslehre im streng biologischen Sinn auf etwas solideren Motiven aufbaut, als Professor Watson unterstellt – und ich kann mich dieses Gedankens nicht erwehren –, sollten wir eine Unterscheidung machen zwischen ihr und der heute üblichen allgemeinen Evolutionstheorie. Unter allgemeiner Evolutionslehre verstehe ich dabei die Auffassung, daß alle Entwicklung vom Unvollkommenen zum Vollkommenen, von kleinen Anfängen zu großartigen Ergebnissen, vom Rudimentären zum Komplexen geht. Es ist der Glaube des Menschen, daß unsere Moral aus primitiven Tabus herrührt, daß die Gefühle des Erwachsenen in den sexuellen Störungen seiner Kindheit ihren Ursprung haben, daß das Denken aus dem Instinkt, der Verstand aus der Materie, das Organische aus dem Anorganischen und der Kosmos aus dem Chaos entsteht.

Diese heute wohl am weitesten verbreitete Auffassung erscheint mir im höchsten Maße unlogisch, da der natürliche Ablauf, wie er hier geschildert wird, so gar nicht mit dem übereinstimmt, was wir in der Natur beobachten können. Sicher erinnern Sie sich an die alte Frage, was zuerst da war, die Henne oder das Ei. Die modernen Erkenntnisse beziehungsweise die allgemeine Evolutionslehre beruhen auf einer optischen Täuschung, weil sie ausschließlich davon ausgehen, daß die Henne aus dem Ei kommt. Von Kindesbeinen an lehrt man uns zu beachten, daß die vollkommene Eiche aus einer kleinen Eichel wächst, und zu vergessen, daß die Eichel selbst von einer vollkommenen Eiche herabfiel. Man erinnert uns ständig daran, daß das erwachsene Wesen zunächst ein Embryo war, nie daran, daß der Embryo von zwei erwachsenen Wesen gezeugt wurde. Wir weisen gern darauf hin, daß die elektrische Lokomotive ein Nachkömmling der «Rocket»[c] ist; aber ungleich seltener erinnern wir daran, daß die Dampflok nicht von einer einfacheren Maschine abstammt, sondern daß sie ihren Ursprung in etwas hat, das viel perfekter und komplizierter ist als sie selbst – dem genialen Hirn eines Menschen. Aus diesem Blickwinkel erweist sich die Logik und Eindeutigkeit, die die Lehre von der Evolution in den Augen der meisten Menschen zu haben scheint, als pure Halluzination.

Aufgrund dieser und ähnlicher Beobachtungen kommt man zwangsläufig zu der Erkenntnis, daß alles andere wahrscheinlicher ist als die landläufige wissenschaftliche Kosmologie. Ich habe dieses Schiff nicht verlassen, weil die Poesie mich lockte, sondern weil ich erkannte, daß es untergehen wird. Jeder philosophische Idealismus oder Theismus mußte zumindest etwas weniger falsch sein. Und es zeigte sich, daß der Idealismus, wenn man ihn ernst nahm, verkappter Theismus war. Und wenn man den Theismus annahm, mußte man sich auch dem Anspruch Christi stellen, demgegenüber man – so empfand ich es jedenfalls – keine neutrale Position beziehen kann. Entweder er war ein Schwachsinniger, oder er war Gott. Und er war kein Schwachsinniger.

In der Schule habe ich gelernt, daß man nach einer Rechenoperation «die Probe machen» soll. Die Probe oder die Bestätigung meiner christlichen Antwort auf das kosmische Ergebnis sieht folgendermaßen aus: Wenn ich die Theologie als wahr akzeptiere, habe ich sicher hier und da Schwierigkeiten,

---

c) Name der 1829 von Stephenson für die Liverpool-Manchester-Bahn gebauten Lokomotive, die zur Vorlage für sämtliche späteren Lokomotiv-Konstruktionen wurde.

sie mit einzelnen Wahrheiten in Einklang zu bringen, die aus der wissenschaftlich abgeleiteten mythischen Kosmologie entstammen. Aber als Ganzes läßt sich die Wissenschaft bestens in die Theologie einordnen. Gehe ich davon aus, daß der Verstand vor der Materie existierte und das Licht dieses Ur-Verstandes unseren begrenzten Verstand erleuchtet, so kann ich einsehen, daß die Menschen durch Beobachtungen und Rückschlüsse zu einer Vielzahl von Erkenntnissen über ihr Universum kommen können. Wenn ich aber die wissenschaftliche Kosmologie für bare Münze nehme, kann ich weder den christlichen Glauben noch die Wissenschaft selbst irgendwo einordnen.

Wenn unser Verstand völlig von unseren Gehirnzellen abhängt und diese von biochemischen Vorgängen und die biochemischen Vorgänge (auf lange Sicht) vom ziellosen Fluß der Atome, dann kann ich nicht verstehen, warum die Gedanken eines solchen Verstandes mehr Bedeutung haben sollten als das Rauschen des Windes in den Bäumen. Und das ist für mich die entscheidende Frage. So unterscheide ich zwischen Wachen und Träumen. Wenn ich wach bin, kann ich, bis zu einem gewissen Grade, meine Träume erklären und erforschen. Der Drache, der mich letzte Nacht verfolgte, läßt sich in meine wache Welt einordnen. Ich weiß, daß es Träume gibt; ich weiß, daß ich gestern abend etwas Schwerverdauliches gegessen habe; ich weiß, daß ein Mensch, der so viel liest wie ich, unter Umständen auch von Drachen träumen kann. Aber während des Alptraums war ich nicht in der Lage, die Erfahrungen aus meiner wachen Welt einzuordnen. Die Welt, die ich wachend erlebe, ist deshalb realer, weil in ihr auch unsere Traumwelt Platz hat; die Traumwelt ist weniger wirklich, weil unsere wache Welt in ihr keinen Platz hat.

Aus diesem Grund bin ich sicher, daß ich vom Träumen zum Wachsein übergewechselt bin, als ich vom wissenschaftlichen Standpunkt zum theologischen überwechselte. In die christliche Theologie lassen sich sowohl die Wissenschaft als auch Kunst, Moral und primitivere Religionen einordnen. Die wissenschaftliche Sicht kann nicht eines dieser

Themen einordnen, noch nicht einmal die Wissenschaft selbst. Ich glaube an Christus, so wie ich glaube, daß die Sonne aufgegangen ist, nicht nur, weil ich sie sehe, sondern weil ich durch sie alles andere sehen kann.

Starrköpfiger Glaube

Im Socratic Club in Oxford wurde schon mehr als ein Vortrag gehalten, der den Gegensatz zwischen der angeblich christlichen und der angeblich wissenschaftlichen Einstellung zum Glauben zum Gegenstand hatte. Uns wurde gesagt, daß der Wissenschaftler es für seine Pflicht hält, seinen Glauben von den Beweisen abhängig zu machen; weniger zu glauben, wenn weniger Beweise vorliegen, und den Glauben völlig aufzugeben, wenn sich ein zuverlässiger Gegenbeweis zeigt. Uns wurde weiter gesagt, daß der Christ es im Gegensatz dazu für ausgesprochen erstrebenswert hält, auch ohne Beweis zu glauben, mit seinem Glauben weit über die Beweise hinauszuschießen und sogar dann noch starr an seinem Glauben festzuhalten, wenn immer mehr dagegenspricht. Dementsprechend wird ein «standhafter Glaube» empfohlen, ein Glaube also, der allen Angriffen der Wirklichkeit gegenüber immun bleibt.

Falls diese Darstellungsweise richtig wäre, wäre das Nebeneinander von Wissenschaftlern und Christen innerhalb derselben Spezies allerdings ein verblüffendes Phänomen. Für die – tatsächlich vorhandenen – Überschneidungen dieser beiden Kategorien gäbe es keine Erklärung. Denn eine Verständigung zwischen so grundverschiedenen Wesen erscheint aussichtslos. Ziel dieser Ausführungen ist es darum, deutlich zu machen, daß die Dinge nicht ganz so schlecht stehen. Sowohl die Art, in der die Wissenschaftler ihren Glauben von den Beweisen abhängig machen, als auch die der Christen, die das nicht tun, bedarf einer näheren Definition. Es ist mein Wunsch, daß die beiden Seiten sich danach, auch wenn die Meinungsverschiedenheiten nicht restlos ausgeräumt werden können, nicht mehr mit völligem Unverständnis gegenüberstehen.

Zunächst ein Wort über den Glauben im allgemeinen. Soviel mir bekannt ist, ist es in der Wissenschaft bei weitem nicht so üblich, den «Glauben von den Beweisen abhängig zu machen», wie immer behauptet wird. Der Wissenschaftler beschäftigt sich nicht so sehr damit, etwas zu glauben, als damit, etwas herauszufinden. Und niemand verwendet das Wort «glauben», wenn es um Dinge geht, die er herausgefunden hat. Der Arzt «glaubt», daß ein Mann vergiftet wurde, bevor er ihn untersucht hat; nach der Untersuchung sagt er: «Der Mann wurde vergiftet.» Niemand sagt, er glaube das Einmaleins. Keiner, der einen Dieb auf frischer Tat ertappt, sagt, er glaube, der Mann habe gestohlen. Wenn der Wissenschaftler an der Arbeit ist, das heißt, wenn er Wissenschaftler ist, versucht er, Glauben und Unglauben hinter sich zu lassen und Wissen zu erlangen. Natürlich stützt er sich dabei auf Hypothesen und Vermutungen. Das kann man aber, meine ich, nicht glauben nennen. Wenn wir darum etwas über die Haltung des Wissenschaftlers zum Glauben wissen wollen, dürfen wir ihn nicht bei seiner Arbeit, sondern müssen ihn in seiner Freizeit beobachten.

Im heutigen modernen Deutsch gibt das Verb «glauben», mit zwei Ausnahmen, im allgemeinen einen schwachen Grad der Meinungsäußerung wieder. «Wo ist Hans?» – «Nach London gefahren, glaube ich.» Der Sprecher wäre nicht sonderlich überrascht, wenn Hans nicht nach London gefahren wäre. «Wann war das?» – «430 vor Christus, glaube ich.» Der Sprecher will hier andeuten, daß er sich durchaus nicht sicher ist. Ebenso verhält es sich mit der negativen Form «ich glaube nicht». («Fängt Hans in diesem Semester das Studium an?» – «Ich glaube nicht.») Formuliert man die Verneinung allerdings etwas anders, so wird sie zu einer der eben erwähnten Ausnahmen. Ich meine die Form «Das glaube ich nicht» oder das noch stärkere «Ich glaube dir nicht». Die negative Formulierung «Das glaube ich nicht» ist dabei viel aussagestärker als das positive «Ich glaube». «Wo ist Frau Hansen?» – «Mit dem Butler durchgebrannt, glaube ich.» – «Das glaube ich nicht!» Dieser letzte Satz kann, besonders wenn er voller Zorn gesagt wird, eine Überzeugung zum Ausdruck bringen, die in ihrer subjektiven Gewißheit nur schwer von einem Wissen aus Erfahrung zu unterscheiden ist.

Die zweite Ausnahme ist der von einem Christen gesagte Satz «Ich glaube». Es ist nicht allzu schwer, dem abgebrühten Materialisten, auch wenn er dadurch nicht gleich zum Glauben kommen muß, die gewissermaßen zentrale Bedeutung dieses «Ich glaube» zu erklären. Er braucht sich lediglich vorzustellen, wie er auf einen Bericht über ein Wunder erwidert: «Das glaube ich nicht!» und dann der Gegenseite das gleiche Maß an Überzeugung zugestehen. Er weiß genau, daß er das Wunder nicht auf der Stelle mit der Sicherheit einer mathematischen Gleichung widerlegen kann; aber die formale Möglichkeit, daß das Wunder tatsächlich geschehen sein könnte, beunruhigt ihn nicht mehr als der Gedanke, Wasser könnte vielleicht nicht aus H und O bestehen.

Ähnlich behauptet der Christ nicht unbedingt, überzeugende Beweise zu haben; dennoch wird auch ihn die formale Möglichkeit, daß Gott eventuell nicht existiere, nicht sonderlich beunruhigen. Natürlich gibt es Christen, die behaupten, es gebe solche Beweise; genauso wie es Materialisten gibt, die behaupten, es gebe überzeugende Gegenbeweise. Falls einer von ihnen Recht hat, handelt es sich, auch wenn er uns Beweis oder Gegenbeweis vorenthält, bei ihm nicht mehr um Glauben oder Unglauben, sondern um Wissen. Wir sprechen hier aber von Glauben und Unglauben im engsten Sinne, nicht von Wissen. Glauben in diesem engen Sinne bedeutet für mich die Zustimmung zu einer Behauptung, die so überwältigend wahrscheinlich ist, daß rein psychologisch jeglicher Zweifel ausgeschlossen ist, wenn man auch von der Logik her darüber streiten kann.

Man könnte sich fragen, ob Glaube (und natürlich Unglaube) überhaupt mit anderen als theologischen Fragen in Verbindung gebracht werden kann. Meiner Meinung nach ja. Vieles glauben wir so fest, daß auch das Fehlen einer logischen Begründung in uns nicht den leisesten Zweifel an seiner Wahrscheinlichkeit wachwerden läßt. Der Wissenschaftsglaube vieler Nichtwissenschaftler trägt oft diesen Charakter, besonders bei Menschen mit wenig Bildung. Auch das meiste, was wir über andere Menschen glauben, gehört in diese Kategorie.

Der Wissenschaftler selbst, beziehungsweise der Mann, der im Labor Wissenschaftler ist, hat eine bestimmte Meinung über seine Frau, seine Freunde, an der er festhält; zwar nicht völlig ohne Beweise, aber doch mit größerer Gewißheit, als durch Labortests erhärtete Beweise rechtfertigen würden. Die meisten Angehörigen meiner Generation hatten einen Glauben an die Wirklichkeit der Außenwelt und der anderen Menschen, der unsere gewichtigsten Argumente bei weitem überstieg. Sie mögen recht haben, wenn sie heute sagen, ihr damaliger Glaube habe auf falschen Voraussetzungen beruht und sei ein Pseudoproblem gewesen; doch das wußten wir in den zwanziger Jahren nicht. Trotzdem gelang es uns, nicht an den Solipsismus[11] zu glauben.

Bis hierher ging es natürlich noch nicht um einen Glauben ohne Beweise. Wir müssen uns davor hüten, die Art und Weise, wie ein Christ zunächst einer gewissen Behauptung zustimmt, und die Art, mit der er später daran festhält, durcheinanderzubringen. Hier müssen wir klar unterscheiden. Von der letzteren kann man in gewissem Sinne mit Recht behaupten, daß die Christen es empfehlen, scheinbaren Gegenbeweisen mit Vorsicht zu begegnen. Darauf komme ich noch zurück. Aber soviel mir bekannt ist, erwartet man von keinem Menschen, daß er ohne Beweise oder trotz entgegenstehender Beweise einer Behauptung zustimmt. Selbst wenn manche Christen das erwarten, ich gehöre nicht zu ihnen. Ganz im Gegenteil, wer den christlichen Glauben annimmt, glaubt immer, dafür guten Grund zu haben; ob er wie Dante «fisici e metafisici argomenti» hat, ob historische Beweise oder den Beweis religiöser Erfahrung oder Autorität oder von allem etwas. Denn auch Autorität, ganz gleich wie wir uns sonst zu ihr stellen, ist eine Art Beweis. Alles, was wir von der Geschichte glauben, das meiste aus der Geographie, vieles, auf das wir uns im täglichen Leben stützen, gründet auf der Autorität, die andere Menschen auf diesem Gebiet haben, seien wir nun Christ, Atheist, Wissenschaftler oder ein einfacher Mann von der Straße.

Es ist nicht das Ziel dieses Aufsatzes, die Beweise, auf denen der Christ seinen Glauben gründet, gegeneinander abzuwägen. Es geht nicht darum, ihn zu rechtfertigen. Ich beschränke mich darauf, festzuhalten, daß seine Beweise auf jeden Fall nicht so schwach sind, daß man daraus folgern könnte, alle, die sich von ihnen überzeugen lassen, seien Beweisen gegenüber gleichgültig. Die Geschichte des Denkens macht uns das deutlich. Wir wissen, daß die Gläubigen sich von den Ungläubigen nicht durch einen verhängnisvollen Mangel an Intelligenz oder eine perverse Weigerung zu denken unterscheiden. Viele von ihnen waren geniale Denker, viele waren Wissenschaftler. Wir können ihnen unterstellen, sich geirrt zu haben; aber wir müssen ihnen dann zugestehen, daß ihr Irrtum zumindest logisch war. Davon müssen wir sogar ausgehen, angesichts der Vielzahl und Verschiedenheit der Reaktionen, die sie hervorriefen. Denn es gibt nicht nur ein Argument gegen die Religion, sondern viele.

Manche, wie Capaneus[12] bei Statius[13], sagen, sie sei eine Projektion unserer primitiven Ängste, *primus in orbe deos fecit timor*[a]; andere, mit Euhemerus[14], sie sei eine «Falle», die ruchlose Könige, Priester oder Kapitalisten uns stellen; andere sagen mit Tylor[15], sie rühre von unseren Todesträumen her; wieder andere, mit Frazer[16], sie sei ein Nebenprodukt der Landwirtschaft; manche, wie Freud, sie sei ein Komplex, und die Modernen schließlich, sie sei ein grundsätzlicher Fehler. Aber ich kann nicht glauben, daß ein Irrtum, gegen den so zahlreiche und so verschiedene Waffen ins Feld zu führen nötig erscheint, von Anfang an jeglicher Glaubwürdigkeit entbehrte. All diese Eile, dieses krampfhafte Suchen nach Gründen, die dagegen sprechen, läßt auf einen ernstzunehmenden Gegner schließen.

Selbstverständlich gibt es auch in unseren Tagen Menschen, die den gesamten Sachverhalt unter dem Aspekt unserer verdrängten Wünsche sehen. Sie werden gelten lassen, daß der Mensch, obwohl sonst durchaus rational, sich von den

---

a) Als erstes schuf Gott die Furcht im Weltall. (Lateinische Wendungen übersetzt vom Herausgeber.)

Argumenten für die Religion täuschen ließ. Doch, werden sie sagen, hat er sich zuerst von seinen eigenen Wünschen täuschen lassen, um später die Argumente als verstandesmäßigen Überbau zu konstruieren. Die Argumente seien zu keiner Zeit wirklich einleuchtend gewesen, sie hätten nur darum den Anschein von Glaubwürdigkeit erweckt, weil sie unbewußt von unseren Wünschen beeinflußt waren.

Nun bezweifle ich zwar nicht, daß im Denken über die Religion wie auch im Denken über andere Dinge so etwas vorkommen kann, jedoch als allgemeine Erklärung für eine Annahme der Religion erscheint mir diese Argumentation nutzlos. Denn in diesem Punkt können unsere Wünsche sowohl zur einen wie zur anderen Seite tendieren, oder zu beiden. Die Vermutung, jedermann würde sich freuen, nichts als freuen, wenn er nur schlußfolgern könne, die christliche Lehre sei wahr, erscheint mir reichlich grotesk. Wenn Freud mit seinen Aussagen über den Ödipuskomplex recht hat, muß der Wunsch nach der Nichtexistenz Gottes einen ungeheuren Druck auf uns ausüben, und der Atheismus wäre die großartige Belohnung für den von uns am stärksten unterdrückten Impuls. Dies könnte ein Argument der theistischen Seite sein. Doch ich will davon keinen Gebrauch machen. Es würde keiner Seite helfen, sondern lediglich einen verhängisvollen Zwiespalt schaffen.

Die Wünsche des Menschen gehen in beide Richtungen, und ich betone, es gibt sowohl eine Projektion unserer Wünsche wie auch unserer Ängste. Hypochondrisch veranlagte Temperamente neigen immer dazu, das für richtig zu halten, wovon sie am meisten wünschen, daß es falsch sei. Demzufolge gibt es statt der einen Kategorie, auf die sich unsere Gegner so gern konzentrieren, in der Tat vier: Ein Mensch kann Christ sein, weil er glaubt, daß die christliche Lehre wahr ist. Er kann Atheist sein, weil er glaubt, daß der Atheismus wahr ist. Er kann Atheist sein, weil er die christliche Lehre für wahr hält, und er kann Christ sein, weil er den Atheismus für wahr hält. Schließen diese Möglichkeiten einander nicht aus? Sie mögen uns in einer bestimmten Situation helfen, festzustellen, ob Glaube oder Unglaube im Spiel ist, doch als allgemeine

Erklärung werden sie uns nichts nützen. Sie sind nicht geeignet, die Erkenntnis zu widerlegen, daß es Beweise für und gegen die christliche Lehre gibt, die der Verstand, wenn er ehrlich arbeitet, verschieden bewerten kann.

Ich möchte Sie deshalb bitten, das Bild, von dem wir ausgingen, durch ein anderes, einfacheres zu ersetzen. Im ersten betrachteten wir, Sie entsinnen sich, zwei Arten von Menschen: Wissenschaftler, die ihren Glauben von den Beweisen abhängig machten, und Christen, die das nicht taten, standen sich an einer tiefen Kluft gegenüber. Doch ich möchte dem folgenden Bild den Vorzug geben. Alle Menschen wechseln gleichermaßen aus dem Bereich des Glaubens in den Bereich des Wissens über, sobald sie können, und wenn sie etwas wissen, sprechen sie nicht länger von glauben. Und zwar gilt das für alle Interessenbereiche. Die Fragen, die einen Mathematiker interessieren, verlangen eine besondere, klare und eindeutig definierte Behandlung. Für die Fragen des Naturwissenschaftlers gelten eigene, etwas andere Lösungswege. Beim Historiker oder Richter sieht es wieder anders aus.

Der Mathematiker erhält seine Beweise (wir Laien vermuten das zumindest) durch die Argumentation, der Naturwissenschaftler durch das Experiment, der Historiker aus Dokumenten und der Richter durch unter Eid geleistete Zeugenaussagen. Doch jeder dieser Menschen glaubt als Mensch, wenn es um Fragen außerhalb seines Berufes geht, viele Dinge, die er unter normalen Umständen nicht mit den in seinem Beruf angewandten Methoden nachprüft. Man würde ihn für krank oder schwachsinnig erklären, wenn er es täte. Die Stärke seines Glaubens kann je nachdem von schwachem Dafürhalten bis zu völliger subjektiver Gewißheit reichen. Als Beispiele haben wir auf der einen Seite das «Ich glaube» des Christen und auf der anderen das «Davon glaube ich kein Wort» des Atheisten. Natürlich erfordert nicht jede einzelne Frage einen solch krassen Meinungsunterschied zwischen den beiden Seiten. Einige Menschen machen sich kaum je Gedanken darüber, ob es einen Gott gibt oder nicht. Andere wiederum haben einen unerschütterlichen Glauben – oder Unglauben. Doch der starke wie der schwache Glaube beruft sich auf vermeintliche Beweise, wobei die Menschen mit starkem Glauben oder Unglauben natürlich der Meinung sind, ihre Beweise seien stichhaltiger. Wir haben keine Ursache, einer der beiden Seiten pure Unvernunft zu unterstellen. Wir dürfen ihr höchstens unterstellen, daß sie sich geirrt hat. Eine Seite kann die Beweise falsch interpretiert haben. Trotzdem muß der Fehler nicht offenkundig sein; sonst würde die Debatte nicht weitergehen.

Soviel zu dem Thema, aus welchen Gründen die Christen gewissen Lehrsätzen zustimmen. Wir wollen uns nun einem anderen Problem zuwenden: der Art, wie sie an ihrem einmal gewonnenen Glauben festhalten. Hier gewinnt der Vorwurf, sie seien irrational und widersetzten sich den Beweisen, an Bedeutung. Denn man muß zugeben, daß die Christen das Festhalten am Glauben tatsächlich als verdienstvoll loben; ja, daß es umso verdienstvoller wird, je stärker ein Beweis gegen ihren Glauben spricht. Sie machen sich sogar darauf aufmerksam, daß mit solchen scheinbaren Gegenargumenten – solchen «Versuchungen» oder «Anfechtungen des Zweifels» – gerechnet werden muß und beschließen von vornherein, ihnen zu widerstehen. Solches Verhalten steht natürlich in unerhörtem Widerspruch zu dem, was wir alle von einem Historiker oder Naturwissenschaftler in seiner Disziplin erwarten. Für ihn wäre es, und da stimmen mir sicher alle zu, töricht und peinlich, wenn er auch nur das kleinste Anzeichen, das gegen seine Hypothesen sprechen könnte, vernachlässigen oder ignorieren würde. Es muß allen Prüfungen unterzogen und jedem Zweifel ausgesetzt werden.

Aber eine Hypothese ist kein Glaubenssatz. Und wenn wir uns den Wissenschaftler nicht zwischen seinen Hypothesen im Labor vorstellen, sondern mit seinem Glauben im Alltagsleben, merken wir, wie der Unterschied zwischen ihm und dem Christen dahinschmilzt. Wenn unserem Wissenschaftler zum ersten Mal Zweifel an der Treue seiner Frau kommen, hält er es dann etwa für seine Pflicht, sich diesen Zweifeln sofort völlig neutral gegenüberzustellen, sofort eine Versuchsreihe zu entwickeln, um sie zu testen, und das Ergebnis völlig neutral abzuwarten? Soweit werden wir am Ende noch kommen! Es gibt untreue Frauen; und es gibt Ehemänner, die gern experimentieren. Aber werden ihm die Kollegen Wissenschaftler das wirklich als ersten Schritt empfehlen (alle, bis auf einen, nehme ich an), als den einzigen, der sich mit seinem Ruf als Wissenschaftler vereinbaren läßt? Würden sie ihm nicht eher, wie wir auch, moralische Schwäche vorwerfen, als ihn wegen seiner intellektuellen Tugend zu loben?

Damit wollte ich Sie lediglich mahnen, die Unterschiede zwischen einem Christen, der auf seinem Glauben beharrt, und dem Verhalten normaler Menschen, wenn es um ihren nicht-theologischen Glauben geht, nicht überzubewerten. Ich bin mir dabei durchaus im klaren, daß der soeben geschilderte Fall keine echte Parallele zu der christlichen Starrgläubigkeit ist. Die Beweise, die von der Untreue der Ehefrau zeugen, können zahlreicher werden und schließlich einen Punkt erreichen, an dem der Naturwissenschaftler unverzeihlich dumm wäre, würde er ihnen nicht glauben. Demgegenüber scheinen die Christen ein Beharren am ursprünglich Geglaubten zu empfehlen, das jedwedem Beweis standhält. Darum will ich nun zu erklären versuchen, warum dieses Lob der christlichen Beharrlichkeit tatsächlich der logische Schluß ist, der aus dem Geglaubten selbst gezogen werden muß.

Wir verstehen das am besten, wenn wir die Situation umkehren: in der christlichen Lehre wird von uns ein solcher Glaube verlangt; doch es gibt Situationen, in denen wir diesen Glauben von anderen verlangen. Es gibt Zeiten, in denen wir alles tun können, um einem anderen zu helfen, wenn dieser andere uns nur vertraut: Beim Versuch, einen Hund aus einer Falle zu befreien; einen Splitter aus dem Finger eines Kindes zu ziehen; einem Jungen das Schwimmen beizubringen oder einen anderen zu retten, der nicht schwimmen kann; beim Versuch, einem furchtsamen Anfänger über eine schwierige Felswand zu helfen. Bei all diesen Beispielen kann das Mißtrauen der Hilfsbedürftigen das entscheidende, verhängnisvolle Hindernis sein. Wir bitten sie, uns gegen ihren Verstand, gegen ihre Phantasie und Intelligenz zu vertrauen. Wir bitten sie, uns zu glauben, daß das, was schmerzt, ihren Schmerz lindern wird und daß das, was gefährlich aussieht, ihre einzige

Sicherheit ist. Wir bitten sie, offenkundig Unmögliches zu glauben: daß die einzige Möglichkeit, die Pfote aus der Falle zu bekommen, darin besteht, sie weiter hineinzuschieben – daß der Finger nicht mehr wehtun wird, wenn man ihm zuvor größeren Schmerz zufügt – daß Wasser, das ganz offensichtlich durchlässig ist, Widerstand bietet und den Körper tragen wird – daß das Festklammern am nächstbesten Gegenstand nicht vor dem Sinken bewahrt – daß das Erklimmen eines noch gefährlicher aussehenden Felsvorsprungs vor dem Absturz rettet.

Um diese *Incredibilia*[b] zu untermauern, können wir uns einzig auf das Vertrauen des anderen in unsere Person verlassen – ein Vertrauen, das sicherlich nicht auf Beweisen basiert, das zugegebenermaßen mit Emotionen durchsetzt ist und das sich, wenn wir dem anderen fremd sind, unter Umständen lediglich auf unser Aussehen, den Ton unserer Stimme oder, bei dem Hund, auf unseren Geruch stützt. Manchmal werden wir wegen ihres Mißtrauens keine großen Taten vollbringen können. Und wenn doch, dann deshalb, weil sie entgegen jedem äußeren Schein an uns glaubten. Niemand wird es uns zum Vorwurf machen, daß wir solchen Glauben forderten. Niemand wird dem anderen vorwerfen, daß er uns glaubte. Niemand wird hinterher sagen, was für ein dummer Hund oder Junge das wohl war, der uns vertraute. Wenn der junge Bergsteiger ein Wissenschaftler war, wird ihm später, wenn er seine Doktorarbeit einreicht, niemand einen Strick daraus drehen, daß er in diesem einen Fall von der Clifford'schen Evidenztheorie[17] abwich und einen Glauben entwickelte, der viel stärker war, als der Augenschein rechtfertigte.

Die christliche Lehre anzunehmen bedeutet darum, *ipso facto*[c] zu glauben, daß unser Vertrauen zu Gott dem des Hundes oder Kindes oder Schwimmers oder Bergsteigers zu uns entspricht, nur in weit umfassenderem Maße. Von hier ist es nur noch ein logischer Schritt zu der Annahme, daß das für

---

b) unglaubliche Dinge.
c) «durch die Tat selbst»; Rechtsformel, die besagt, daß die Folgen einer Tat von selbst eintreten.

sie angemessene Verhalten auch für uns richtig ist, nur in weit umfassenderem Maße. Beachten Sie bitte: Ich sage nicht, daß die Stärke unseres ursprünglichen Glaubens als psychologische Notwendigkeit ein solches Verhalten zeitigen muß; ich sage vielmehr, daß der Inhalt unseres ursprünglichen Verhaltens als logische Notwendigkeit die Vermutung nahelegt, daß solches Verhalten angemessen sei. Wenn das menschliche Leben wirklich von einem wohlmeinenden Wesen geordnet wird, dessen Wissen um unsere tatsächlichen Bedürfnisse und die Art, wie sie befriedigt werden können, das unsere unendlich übersteigt, dann müssen wir von vornherein damit rechnen, daß sein Handeln uns häufig alles andere als wohlmeinend und weise erscheinen wird, und es wird unser höchstes Verdienst sein, ihm dennoch unser Vertrauen zu schenken. Dieser Gedanke wird noch durch die Tatsache erhärtet, daß wir, wenn wir den christlichen Glauben annehmen, bereits auf das Auftreten von scheinbaren Gegenbeweisen hingewiesen werden – von Gegenbeweisen, die kräftig genug sind, um «zu verführen (wo es möglich wäre) auch die Auserwählten»[18].

Unsere Situation wird durch zweierlei erträglich. Zum einen sieht es so aus, als empfingen wir, neben den scheinbaren Gegenbeweisen, genügend positive Beweise. Einige kommen in Gestalt äußerlicher Ereignisse; so zum Beispiel, wenn ich aus einer plötzlichen Eingebung heraus einen Besuch mache und dann feststelle, daß der Mann, den ich besuche, gebetet hat, ich möge an diesem Tag zu ihm kommen. Andere ähneln mehr den Beweisen, auf die sich der Bergsteiger oder der Hund verlassen mußten – die Stimme, das Aussehen, der Geruch ihres Retters. Denn wir haben den Eindruck (auch wenn andere meinen, wir müßten uns täuschen), wir hätten ein persönliches Verhältnis zu dem Wesen, an das wir glauben, wie unvollkommen und lückenhaft diese Beziehung auch sein mag. Wir vertrauen, nicht weil es «einen Gott» gibt, sondern weil es *diesen* Gott gibt. Auch wenn wir selbst vielleicht nicht zu behaupten wagen, ihn zu «kennen», die Christenheit behauptet es, und wir haben Grund genug, auf jeden Fall einigen ihrer Vertreter unser Vertrauen zu schenken.

Die zweite Tatsache, die unsere Situation erträglich macht,

besteht darin, daß wir bereits hier zu erkennen meinen, warum unserem Glauben, wenn er echt ist, ein solches Vertrauen über alle Beweise hinaus, ja entgegen scheinbaren Gegenbeweisen, abverlangt wird. Für uns geht es nicht nur darum, aus einer Falle befreit oder über einen gefährlichen Felsen geleitet zu werden. Wir glauben, daß Gott eine gewisse persönliche Beziehung zwischen sich selbst und uns schaffen möchte, eine Beziehung *sui generis*[d], die aber analog als kindliche oder erotische Liebe beschrieben werden kann. Völliges Vertrauen ist ein Bestandteil dieser Beziehung – ein Vertrauen, das nur wachsen kann, wo auch Raum ist für den Zweifel. Lieben bedeutet, dem anderen über allen Schein hinaus zu vertrauen, ja, selbst gegen allen Schein. Niemand ist unser Freund, der erst dann an unsere guten Absichten glaubt, wenn wir sie unter Beweis gestellt haben. Niemand ist unser Freund, der sich allzu leicht gegen uns einnehmen läßt. Das völlige Vertrauen zwischen zwei Menschen wird im allgemeinen als hohe Tugend gepriesen und nicht als logischer Irrtum abgestempelt. Dagegen wird dem Mann, der uns verdächtigt, ein gemeiner Charakter vorgeworfen. Niemand wird ihn wegen seiner hervorstechenden Logik bewundern.

Es gibt, wie Sie sehen, keine echte Parallele zwischen der Starrgläubigkeit des Christen und dem Festhalten des schlechten Wissenschaftlers an einer Hypothese, die durch Beweise bereits widerlegt wurde. Der Eindruck, den Nichtchristen von unserem Festhalten am Glauben gewinnen, ist verzeihlich, begegnen sie der christlichen Lehre doch, wenn überhaupt, hauptsächlich in apologetischen Schriften. Und dort muß die Existenz und Mildtätigkeit Gottes wie eine spekulative Größe unter vielen erscheinen. Tatsächlich ist sie das auch, solange wir sie in Frage stellen. Doch sobald wir diese Frage zustimmend beantworten, verändert sich die Situation. Wenn wir glauben, daß Gott – daß *dieser* Gott – existiert, glauben wir, daß wir jetzt als Person diesem Gott, der auch Person ist, gegenüberstehen. Was vor einem Moment noch aussah wie eine Meinungsänderung, wird nun zu einer Änderung unseres

---

d) durch sich selbst eine Klasse bildend, einzig, besonders.

persönlichen Verhaltens gegenüber einer Person. Wir sehen uns nicht länger mit einem Argument konfrontiert, das unsere Zustimmung verlangt, sondern mit einer Person, die unser Vertrauen fordert.

Ein schwacher Vergleich wäre der folgende: Es ist ein Unterschied, ohne näheren Anhaltspunkt darüber zu diskutieren, ob So-und-so heute abend wohl kommen wird, oder darüber zu debattieren, wenn So-und-so uns sein Kommen zugesagt hat und viel von seinem Erscheinen abhängt. Im ersten Fall wäre es nur vernünftig, immer weniger mit seinem Kommen zu rechnen, je weiter die Zeit fortschreitet. Im zweiten Fall wären wir es unserem Freund, wenn wir ihn als zuverlässigen Menschen kennen, schuldig, bis in die Nacht hinein auf ihn zu warten. Wem unter uns wäre es nicht peinlich, wenn er, kurz nachdem wir das Warten aufgegeben haben, mit einer plausiblen Entschuldigung zur Tür hereinkäme? Wir würden alle empfinden, daß wir ihn besser hätten kennen sollen.

Nun bin aber auch ich mir dessen bewußt, daß dieses Problem, wie so viele, zwei Seiten hat. Ein solcher Glaube ist genau das, was wir brauchen. Ihn nicht zu haben, wäre unser Ruin. Aber dieser Glaube kann auch an Stellen auftreten, wo er durch nichts begründet ist. Der Hund mag dem Mann, der ihn aus der Falle befreit, das Gesicht lecken; doch der Mann hat vielleicht nur im Sinn, ihn im nächsten Labor zu vivisezieren. Die Enten, die auf das «Puttputtputt» der Bäuerin heranwatscheln, haben Vertrauen zu ihr, und sie dreht ihnen zum Dank die Hälse um. Sie kennen vielleicht jene französische Geschichte von dem Brand im Theater: Panik breitet sich aus, die Zuschauer verwandeln sich von einem zivilisierten Publikum in einen Mob. In dem Moment springt ein Mann mit Bart durch das Orchester auf die Bühne, hebt mit würdevoller Gebärde die Hand und ruft in den Saal: «Que chacun regagne sa place!» Stimme und Geste sind von solcher Autorität, daß alle gehorchen. – Sie fanden alle in den Flammen den Tod, während der bärtige Mann ruhig durch die Kulissen entkam, ein Taxi nahm, das auf jemand anders wartete, und sich zu Hause schlafen legte.

Die Bitte um unser Vertrauen, die ein echter Freund an uns stellt, unterscheidet sich in nichts von der Bitte eines Menschen, der unser Vertrauen erschleichen will. Unsere Verweigerung, die im Blick auf den Betrüger vernünftig ist, wäre gegenüber unserem Freund unedel, gemein und würde unsere Beziehung zu ihm erheblich beeinträchtigen. Ist unser Glaube wahr, so ist es von eminenter Bedeutung, vor scheinbaren Gegenargumenten gewarnt und gewappnet zu sein; ist er aber eine Täuschung, so dienen die Warnungen und unsere Sicherheitsvorkehrungen nur dazu, uns den Ausweg aus ihr zu verbauen. Und dennoch ist gerade dies – all diese Möglichkeiten zu kennen und sie zurückzuweisen – der Weg, der einzige Weg, unsere persönliche Antwort auf Gottes Ruf zu verwirklichen. So betrachtet steht die Zweischneidigkeit des Problems nicht im Widerspruch zu unserem Glauben, sondern ist geradezu eine Voraussetzung, die den Glauben erst ermöglicht. Wenn man uns um unser Vertrauen bittet, können wir es schenken oder vorenthalten; es ist müßig zu behaupten, wir würden vertrauen, wenn wir überzeugende Garantien haben. Das Vertrauen hat keinen Raum mehr, wenn uns Garantien gegeben wurden. Was dann übrig bleibt, hat mit Vertrauen nichts mehr zu tun.

Der Satz «Selig sind, die nicht sehen und doch glauben» hat nichts mit unserer ursprünglichen Zustimmung zur christlichen Lehre zu tun. Er war nicht an einen Philosophen gerichtet, der nach Gott suchte, sondern an einen Menschen, der bereits glaubte, der diese eine Person seit langem kannte und Beweise dafür hatte, daß sie recht seltsame Dinge tun kann, und der sich nun weigerte, eine weitere seltsame Tat zu glauben, obwohl sie schon lange vorhergesagt war und alle seine Freunde sich für sie verbürgten. Dieser Satz tadelt nicht den Skeptizismus im philosophischen, sondern das «Mißtrauisch»-Sein im psychologischen Sinne. Er besagt: «Du hättest es besser wissen müssen.» Es gibt Fälle in unseren zwischenmenschlichen Beziehungen, wo wir alle auf die eine oder andere Art die Menschen segnen sollten, die nicht gesehen und doch geglaubt haben. Unser Verhältnis zu einem Menschen, der uns erst vertraut, nachdem ein Gericht unsere

Unschuld bewiesen hat, wird anders sein als zu denen, die uns die ganze Zeit hindurch vertraut haben.

Es steht unseren Gegnern durchaus zu, mit uns über die Gründe zu diskutieren, aus denen wir den christlichen Glauben annahmen. Doch sollten sie uns nicht des puren Schwachsinns bezichtigen, wenn unser Festhalten an diesem Glauben, nachdem wir uns einmal dafür entschieden haben, nicht jede Schwankung der angeblichen Beweise mitmacht. Natürlich können wir nicht von ihnen erwarten, zu wissen, woraus unsere Gewißheit genährt wird und wie sie sich immer wieder neu belebt und aus der Asche erhebt. Wir können von ihnen kein Verständnis dafür erwarten, daß die Einzigartigkeit des Einen, den wir immer mehr kennenzulernen und zu verstehen hoffen, uns zu der Erkenntnis treibt, daß – selbst wenn wir einer Täuschung aufgesessen sind – das Universum nie etwas Vergleichbares hervorgebracht hat und daß alle Versuche, die Täuschung zu erklären, uns weniger wichtig erscheinen als die Sache selbst. Diese Erkenntnis läßt sich nicht übertragen. Doch unsere Gegner können sehen, wie unsere anfängliche Zustimmung uns zwangsläufig von der Logik spekulativer Überlegungen zu einer Logik der persönlichen Beziehung führt. Was bislang nur eine Änderung unserer Ansichten war, schlägt nun um in das veränderte Verhalten einer Person gegenüber einer anderen Person. Das *Credere Deum esse*[e] wird zum *Credere in Deum*[f]. Und *Deum* steht hier für den einen Gott, für den Herrn, der sich uns immer mehr zu erkennen gibt.

---

e) Glauben, daß Gott ist.
f) Glauben an Gott.

Umwandlung

In der Kirche, der ich angehöre, ist es an Pfingsten üblich, daß man der Ausgießung des Heiligen Geistes auf die ersten Christen kurz nach Himmelfahrt gedenkt. Ich möchte hier auf eine Begleit- bzw. Folgeerscheinung dieses Ereignisses eingehen: die Erscheinung, die wir mit «Zungenreden» und die Gelehrten mit *Glossolalie* bezeichnen. Bitte glauben Sie nicht, daß ich das Zungenreden für den wichtigsten Aspekt Pfingstens halte; ich habe dieses Thema vielmehr aus zwei Gründen gewählt: Zum einen erschien es mir absurd, über das Wesen des Heiligen Geistes oder die Art seines Wirkens zu sprechen; ich kann nicht lehren, wo ich selbst noch fast alles zu lernen habe. Zum anderen ist mir die *Glossolalie* oft ein Stein des Anstoßes gewesen. Sie ist, um ehrlich zu sein, eine unangenehme Erscheinung. Selbst Paulus scheint im 1. Korintherbrief davon eher unangenehm berührt zu sein und ist darum bemüht, die Aufmerksamkeit und das Verlangen der Kirche auf andere Gaben zu lenken, die mehr aufbauen. Weiter geht er allerdings nicht. Fast beiläufig flicht er die Bemerkung ein, daß er selbst mehr als irgendein anderer in Zungen redet und läßt keine Zweifel am spirituellen bzw. übernatürlichen Ursprung dieses Phänomens laut werden.

Ich sehe hier folgende Schwierigkeit: Einerseits taucht die *Glossolalie* bis in unsere Tage immer wieder als eine «Spielart religiöser Erfahrung» auf. Von Zeit zu Zeit hören wir davon, daß in einer Erweckungsversammlung einer oder mehrere Anwesende in einen Wortschwall ausbrechen, der das reinste Kauderwelsch ist. Das erscheint in keiner Weise erbaulich, und jeder Nichtchrist wird es als Hysterie, als unfreiwillige Entladung nervlicher Überreiztheit bezeichnen. Auch ein großer Teil der Christen würde die meisten dieser Fälle so deuten; und ich persönlich muß zugeben, daß es mir schwerfällt zu glauben, in allen Fällen sei der Heilige Geist am Wirken. Wir vermuten, auch wenn wir uns nicht ganz sicher sind, daß es sich gewöhnlich um eine Nervensache handelt.

Das ist die eine Seite unseres Dilemmas. Auf der anderen Seite können wir als Christen den Bericht über die Pfingstereignisse nicht einfach zu den Akten legen oder leugnen, daß das Zungenreden damals zumindest übernatürlich war. Denn jene Männer in Jerusalem redeten ja kein Kauderwelsch, sondern Sprachen, die zwar nicht sie selbst, aber andere Anwesende verstanden. Außerdem ist das Ereignis, von dem die Zungenrede nur ein Teil ist, in die gesamte Entstehungsgeschichte der Kirche eingebettet. Auf dieses Ereignis, so hatte der Auferstandene gesagt, sollte die Kirche warten – es waren einige seiner letzten Worte vor der Himmelfahrt. Es sieht also eher so aus, als sei das gleiche Phänomen einmal natürlichen oder gar krankhaften Ursprungs und zu anderen Zeiten (oder wenigstens zu einem anderen Zeitpunkt) das Organ des Heiligen Geistes. Das erscheint auf den ersten Blick allerdings erstaunlich und anfechtbar. Der Skeptiker wird die Gelegenheit sicherlich nutzen, uns von Ockhams Logik[19] zu reden und uns der Multiplikation von Hypothesen zu beschuldigen. Wenn die meisten Fälle von *Glossolalie* der Hysterie zuzuschreiben sind, ist es dann nicht (so wird er fragen) äußerst wahrscheinlich, daß auch die übrigen Fälle hier ihre Erklärung finden?

Dieses Problem möchte ich, soweit es mir möglich ist, gern etwas aufhellen. Dabei muß ich gleich zu Beginn darauf hinweisen, daß es zu einem größeren Problemkreis gehört. Die nächste Parallele innerhalb dieser Gruppe finden wir in der erotischen Sprache und Symbolik der Mystik. Dort begegnet uns ein breites Spektrum von Ausdrücken – und deshalb möglicherweise von Gefühlen –, die uns in anderem Zusammenhang durchaus geläufig sind und ganz natürliche Bedeutung haben. Aber in den mystischen Schriften, so wird behauptet, haben sie anderen Ursprung. Hier wird der Skeptiker wieder fragen, warum die Erklärung, mit der wir uns in neunundneunzig Fällen zufriedengeben, nicht auch auf den hundertsten zutreffen soll. Die Hypothese, der Mystizismus sei ein erotisches Phänomen, ist für ihn bei weitem wahrscheinlicher als jede andere Erklärung.

Allgemein formuliert besteht unser Problem darin, daß offensichtlich ein Zusammenhang zwischen den anerkannten natürlichen und den sogenannten geistigen Vorgängen besteht; daß die gleichen bekannten Elemente und (scheinbar) keine anderen, auf denen unser natürliches Leben basiert, auch in unserem sogenannten übernatürlichen Leben in Erscheinung treten. Wenn wir wirklich von einer außernatürlichen Eingebung heimgesucht wurden, muß es dann nicht seltsam erscheinen, daß die Offenbarung den Himmel mit nichts anderem als Teilen unseres irdischen Erfahrungsbereichs ausstattet (Kronen, Throne und Musik), daß unsere Hingabe keine andere Sprache findet als die von Liebenden und daß die Zeremonie, mit der die Christen eine mystische Einheit zum Ausdruck bringen, nichts anderes als das altbekannte Essen und Trinken ist?

Man kann sogar noch weiter gehen und sagen, daß sich dasselbe Problem auch auf einer niedrigeren Ebene stellt, daß wir es nicht nur zwischen den geistigen und den natürlichen, sondern ebenso zwischen höheren und tieferen Stufen des natürlichen Lebens finden. Von daher ist es verständlich, wenn der Zyniker den Unterschied, den unsere Kultur zwischen Liebe und Lust macht, anzweifelt, indem er uns darauf hinweist, daß beide letztlich im selben Akt enden. Auf die gleiche Weise bezweifelt er auch einen Unterschied zwischen Gerechtigkeit und Rache, davon ausgehend, daß den Verbrecher letztlich dasselbe Schicksal ereilt. Dabei müssen wir eingestehen, daß sowohl der Skeptiker als auch der Zyniker in allen erwähnten Fällen auf den ersten Blick recht zu haben scheinen. Dieselben Handlungen begegnen uns im Recht wie bei der Rache; der Vollzug legalisierter ehelicher Liebe ist physiologisch gesehen derselbe wie derjenige rein biologischer Lust; religiöse Sprache und Symbolik, und wahrscheinlich auch religiöse Gefühle, beinhalten nichts, was nicht von der Natur übernommen wäre.

Die einzige Möglichkeit, die Kritik zu widerlegen, scheint mir nun darin zu bestehen, deutlich zu machen, daß wir denselben einfachen Tatbestand auch in anderen Beispielen finden, wo wir alle wissen (nicht durch Glauben oder Logik, sondern aus Erfahrung), daß er falsch ist. Können wir ein Beispiel einer höheren und einer tieferen Ebene finden, bei dem uns allen die höhere Ebene bekannt ist? Ich denke, ja. Betrachten wir das folgende Zitat aus Pepys' Tagebuch[20]:

«... mit meiner Frau ins King's Theatre, wo es ‹Virgin Martyr› gab, seit langer Zeit wieder einmal. Was mich mehr als alles andere bewegte, war die Holzbläsermusik, wenn der Engel herabsteigt; sie ist so süß, daß ich ganz verzückt war – in der Tat, meine Seele war so benommen, daß ich fast krank wurde, so wie es mir früher erging, als ich in meine Frau verliebt war ... beschloß ein Blasinstrument zu lernen und meine Frau ebenfalls dazu anzuspornen.» (27. Februar 1668)

Verschiedene Punkte verdienen hier unsere Aufmerksamkeit: 1. Daß Pepys die gleiche Sinneswahrnehmung, die die intensive ästhetische Wonne begleitete, auch bei zwei anderen Gelegenheiten empfand, nämlich dann, wenn er verliebt war und, sagen wir, bei einer stürmischen Überfahrt über den Kanal. 2. Von den beiden letzteren Erfahrungen ist zumindest eine alles andere als angenehm. Niemand ist gern seekrank. 3. Trotzdem lag Pepys sehr daran, noch einmal jenen Zustand zu erleben, der von derselben Wahrnehmung begleitet war wie der unerquickliche Zustand des Krankseins. Deshalb beschloß er, ein Blasinstrument zu erlernen.

Es mag zutreffen, daß nur wenige von uns die gleiche Erfahrung gemacht haben wie Pepys; aber etwas Ähnliches kennen wir sicher alle. Ich persönlich habe festgestellt, daß, wenn man in einem Augenblick höchster Verzückung versucht, sich gewissermaßen umzudrehen, in sich hineinzuhorchen und etwas von dem einzufangen, was man wirklich fühlt, man immer nur eine physische Wahrnehmung zu fassen bekommt. Bei mir ist es eine Art Kitzel oder Flattern des Zwerchfells. Vielleicht meinte Pepys mit den Worten «fast krank» dasselbe. Wichtig ist das Folgende: ich beobachte dasselbe Kitzeln oder Flattern, wenn ich plötzlich in großer

Angst bin. Meine Selbstprüfung entdeckt keinen Unterschied zwischen der Reaktion meiner Nerven auf eine schlechte Nachricht und auf die Ouvertüre zur *Zauberflöte*. Hätte ich nach meinen Wahrnehmungen zu urteilen, so käme ich zu der absurden Schlußfolgerung, daß Freude und Angst dasselbe sind, daß ich das, was ich am meisten fürchte, zur gleichen Zeit am meisten wünsche. Die Selbstprüfung entdeckt im einen nicht mehr und nichts anderes als im anderen. Und ich nehme an, daß die meisten von Ihnen, falls Ihnen solche Beobachtungen nicht fremd sind, mehr oder weniger das gleiche zu berichten hätten.

Wir wollen noch einen Schritt weiter gehen. Diese Wahrnehmungen – Pepys Krankheit und mein Flattern im Zwerchfell – sind nicht bloß beziehungslose oder neutrale Begleiterscheinungen verschiedenartiger Erlebnisse. Wir können sicher davon ausgehen, daß Pepys diese Wahrnehmung haßte, wenn sie durch wirkliche Krankheit hervorgerufen wurde; ebenso wissen wir aus seinen eigenen Worten, daß er sie im Zusammenhang mit Blasinstrumenten mochte, denn er ergriff Maßnahmen, diese Wahrnehmung wieder herbeizuführen. Genauso liebe ich dieses innere Flattern in dem einen Zusammenhang und bezeichne es als Vergnügen und hasse es in einem anderen und nenne es Elend. Es ist nicht bloß ein Zeichen von Freude oder Angst, es wird selbst dazu. Wenn die Freude in meine Nerven strömt, ist dieses Überströmen die Erfüllung; wenn die Angst in sie strömt, bedeutet das gleiche physische Symptom höchsten Schrecken. Der gleiche Tropfen, der uns den süßesten Trank noch versüßt, macht den bitteren Kelch noch bitterer.

Hier haben wir nun gefunden, was wir suchten. Ich gehe davon aus, daß unser Gefühlsleben «höher» ist als das unserer Wahrnehmungen – selbstverständlich nicht moralisch höher, aber doch reicher, vielfältiger, feiner. Diese höhere Ebene kennt sicher jeder von uns, und jeder wird, wenn er das Verhältnis seiner Gefühle zu seinen Wahrnehmungen sorgfältig betrachtet, die folgenden Beobachtungen machen: 1. Die Nerven reagieren in angemessener und ausgezeichneter Weise auf unsere Gefühle; 2. ihre Grenzen sind enger, ihre Variationsmöglichkeiten beschränkter als die der Gefühle, und 3. die Sinne gleichen diesen Mangel dadurch aus, daß sie verschiedene Gefühle – selbst entgegengesetzte, wie wir soeben gesehen haben – mit der gleichen Wahrnehmung ausdrücken.

Unser Fehler besteht häufig darin, daß wir annehmen, die Beziehung zwischen den beiden Systemen müßte ein Eins-zu-eins-Verhältnis sein – ein A in dem einen müßte einem a im anderen entsprechen und so fort. Es zeigt sich jedoch, daß das Verhältnis zwischen Gefühl und Wahrnehmung anderer Art ist. Ein solches Verhältnis ist auch nicht möglich, wenn das eine System reicher ist als das andere. Wenn das reichere System überhaupt im ärmeren wiedergegeben werden soll, so kann dies nur geschehen, indem jedem Element des ärmeren Systems mehr als eine Bedeutung gegeben wird. Die Umwandlung eines reicheren in ein ärmeres System muß gewissermaßen algebraisch, nicht arithmetisch, vollzogen werden. Wenn man von einer Sprache mit breitem Vokabular in eine Sprache mit geringem Wortschatz übersetzen soll, muß man die Möglichkeit haben, verschiedene Worte in mehr als einem Sinn zu verwenden. Wenn man eine Sprache mit zweiundzwanzig Vokallauten in einem Alphabet mit nur fünf Buchstaben für Vokale schreiben soll, muß man die Möglichkeit haben, jedem dieser fünf Buchstaben mehr als einen Wert zuzuordnen. Wenn man von einer Orchesterpartitur eine Klavierversion schreiben soll, dann müssen dieselben Klaviernoten, die in einer Passage die Flöten wiedergeben, an anderer Stelle die Geigen darstellen.

Das Beispiel zeigt, daß wir alle mit dieser Art der Umwandlung oder Transposition eines reichen in ein ärmeres Medium vertraut sind. Das bekannteste Beispiel ist wohl die Zeichenkunst. Hier besteht das Problem darin, eine dreidimensionale Welt auf einem flachen Blatt Papier wiederzugeben. Die Lösung liegt in der Perspektive, und das bedeutet, daß wir einer zweidimensionalen Form mehr als einen Wert zuordnen müssen. So benutzen wir beim Zeichnen eines Würfels einen spitzen Winkel, um etwas wiederzugeben, was in Wirklichkeit ein rechter Winkel ist. Anderswo kann aber ein spitzer Winkel auf dem Papier etwas wiedergeben, was auch in Wirklichkeit ein spitzer Winkel ist, zum Beispiel eine Speerspitze oder den Giebel eines Hauses. Die gleiche Form, mit der wir die Illusion einer vom Betrachter wegführenden geraden Straße schaffen, zeichnen wir, um eine Narrenkappe darzustellen. Genauso ist es mit den Schattierungen. Das, was auf dem Bild als hellstes Licht erscheint, ist in Wahrheit nur blankes weißes Papier, und das muß für die Sonne oder einen See im Abendlicht oder den Schnee oder die Haut des Menschen genügen.

Anhand der bereits erwähnten Beispiele einer Transposition möchte ich zweierlei verdeutlichen:

1. Es ist völlig klar, daß in allen Fällen die Vorgänge innerhalb des niedrigeren Mediums nur verstanden werden können, wenn das höhere Medium bekannt ist. Ein Beispiel, wo dies meistens nicht der Fall ist, ist die Musik. Für den Musiker, der die zugrundeliegende Orchesterpartitur kennt, hat das Klavierstück eine gänzlich andere Bedeutung als für den, der es lediglich als Klavierstück hört. Letzterer wäre aber noch mehr benachteiligt, wenn er außer dem Klavier nie ein anderes Instrument gehört hätte und bezweifeln würde, daß es überhaupt andere Instrumente gibt.

Ebenso verstehen auch wir die Bilder einzig deshalb, weil wir die dreidimensionale Welt kennen und in ihr leben. Wenn wir uns ein Geschöpf vorstellen, das nur zwei Dimensionen wahrnehmen, aber doch unsere Linien auf dem Papier irgendwie erkennen kann, werden wir bald begreifen, wie unmöglich es für dieses Wesen sein muß, diese Linien zu verstehen. Zunächst mag es vielleicht bereitwillig unserer Versicherung Glauben schenken, daß es eine dreidimensionale Welt gibt. Aber wenn wir ihm die Striche auf dem Papier zeigen und zum Beispiel zu erklären versuchen: «Dies ist eine Straße», wird es uns dann nicht entgegnen, daß die gleiche Form, anhand derer wir ihm das Vorhandensein unserer mysteriösen anderen Welt glaubhaft machen wollen, nach unseren eigenen Worten an anderer Stelle tatsächlich nur ein Dreieck wiedergibt? Und bald wird es zu uns sagen: «Du erzählst mir ständig von dieser anderen Welt und ihren unvorstellbaren, sogenannten räumlichen Formen. Aber es ist doch sehr verdächtig, daß alle diese Formen, die du mir als Bilder oder Reproduktionen der räumlichen Gegenstände darstellst, sich bei genauerem Hinsehen schlicht als die zweidimensionalen Formen meiner eigenen Welt entpuppen, so wie ich sie schon immer kenne. Es ist doch offensichtlich, daß deine vielgerühmte andere Welt nicht der Archetypus ist, sondern nur ein Traum, der sämtliche Strukturen aus dieser Welt entlehnt.»

2. Es ist wichtig, sich klarzumachen, daß man das Verhältnis zwischen dem höheren Medium und seiner Transposition in ein niedrigeres nicht in allen Fällen als *symbolische* Wiedergabe bezeichnen kann. In einigen Fällen kann man durchaus von *Symbolik* sprechen, in anderen aber nicht. So ist zum Beispiel das Verhältnis zwischen Sprache und Schrift als Symbolik zu bezeichnen. Die geschriebenen Buchstaben existieren nur für das Auge, die gesprochenen Worte nur für das Ohr. Zwischen beiden Systemen besteht kein Zusammenhang. Weder sind sie sich ähnlich, noch ruft das eine das andere hervor. Das eine System ist lediglich ein *Zeichen* für das andere und hat seine Bedeutung aufgrund einer einmal getroffenen Übereinkunft.

Das Verhältnis eines Bildes zur sichtbaren Welt ist anders. Bilder sind selbst Teil der sichtbaren Welt und stellen sie nur dadurch dar, daß sie Teil von ihr sind. Ihr Sichtbarsein hat denselben Ursprung. Die Sonnen und Lampen auf einem Bild scheinen nur deshalb zu leuchten, weil sie von wirklichen Sonnen und Lampen beleuchtet werden; das heißt, sie leuchten hell, weil sie in Widerspiegelung ihres Archetypus wirklich ein wenig leuchten. Das Sonnenlicht auf einem Bild verhält sich darum nicht in der gleichen Weise zur richtigen Sonne wie die geschriebenen Worte zu den gesprochenen. Es ist zwar ein Zeichen, aber doch auch mehr als nur das. Es ist nur ein Zeichen, doch es ist mehr, weil der Gegenstand, den es darstellt, in ihm wirklich sichtbar wird. Wenn ich dieser Beziehung einen Namen geben sollte, würde ich sie nicht symbolisch nennen, sondern sakramental. Auch das Beispiel, von dem wir ausgegangen sind – die Frage nach den Gefühlen und Wahrnehmungen –, geht weit über eine bloße Symbolik hinaus. Dort haben wir gesehen, daß eine Wahrnehmung nicht allein verschiedene, ja sogar entgegengesetzte Gefühle begleiten oder charakterisieren kann, sondern selbst Teil dieser Gefühle wird. Das Gefühl nimmt gewissermaßen in der sinnlichen Wahrnehmung Gestalt an und verarbeitet, verändert und verwandelt sie, so daß derselbe Nervenkitzel einmal Entzücken und ein anderes Mal Todesangst ist.

Ich will nun nicht behaupten, das von mir als Umwandlung, als Transposition bezeichnete Phänomen sei die einzige Möglichkeit eines ärmeren Mediums, auf ein reicheres zu reagieren; doch ist es sehr schwierig, sich eine andere Methode vorzustellen. Darum ist es zumindest nicht unwahrscheinlich, daß überall dort, wo ein höheres Medium in einem niedrigeren reproduziert werden muß, eine Umwandlung eintritt. Aus diesem Grund erscheint es mir, um einen Augenblick vom Thema abzuschweifen, sehr naheliegend, daß auch das Verhältnis zwischen Körper und Geist von dieser Umwandlung gekennzeichnet ist. Wir wissen genau, daß – jedenfalls in diesem Leben – das Denken eng an unser Gehirn geknüpft ist. Die Theorie, das Denken sei darum lediglich eine Bewegung in unserem Gehirn, ist in meinen Augen jedoch purer Unsinn; denn wäre dies der Fall, so wäre auch die Theorie selbst eine bloße Bewegung, ein Zusammentreffen von Atomen. Sie hätten vielleicht eine bestimmte Geschwindigkeit und Richtung, doch wäre es sinnlos, hier die Worte «richtig» oder «falsch» ins Spiel zu bringen. Wir sehen uns darum genötigt, gewisse Zusammenhänge anzuerkennen. Legen wir allerdings ein Eins-zu-eins-Verhältnis von Körper und Geist zugrunde, so müssen wir dem Gehirn eine schier unglaubliche Vielzahl von Möglichkeiten zugestehen. Ich möchte jedoch behaupten, daß ein solches Eins-zu-eins-Verhältnis nicht notwendig ist. Alle unsere Beispiele deuten darauf hin, daß das Gehirn auf die scheinbar unendliche Vielfalt des Bewußtseins in angemessener und ausgezeichneter Weise reagieren kann, ohne für jede Modifikation des Bewußtseins eine gesonderte physische Modifikation zur Verfügung zu stellen.

Doch zurück zum Thema, zu unserer Ausgangsfrage über Geist und Natur, Gott und Mensch. Unser Problem bestand darin, daß in unserem sogenannten geistigen Leben alle Elemente unseres natürlichen Lebens wiederkehren, und es, schlimmer noch, auf den ersten Blick so aussieht, als gäbe es nur sie. Wir wissen jetzt, daß wir nichts anderes zu erwarten haben, wenn das geistige Leben wirklich reicher ist als das natürliche (woran niemand, der an dessen Vorhandensein glaubt, zweifeln wird). Auch mit der Schlußfolgerung des Skeptikers, das sogenannte geistliche sei in Wirklichkeit eine Ableitung vom natürlichen Leben, ein Wunder, eine Reproduktion oder seine Erweiterung durch unsere Phantasie, sollten wir rechnen; denn wie wir sahen, muß ein Beobachter, der nur das untere Medium kennt, bei jedem Fall von Transposition zwangsläufig diesen Fehler machen. Der rohe Mensch wird, auch wenn er sie analysiert, in der Liebe nie etwas anderes sehen als Lust; der «Flachländer» wird in einem Bild nie etwas anderes sehen als flache Linien; die Physiologie wird in den Gedanken nie etwas anderes sehen als Zuckungen unserer grauen Zellen.

Doch alles sieht anders aus, wenn man sich der Umwandlung von oben nähert, wie wir alle es im Bereich unserer Gefühle und Wahrnehmungen oder beim Betrachten der dreidimensionalen Welt und eines Bildes tun, oder wie es der geistliche Mensch tut, von dem wir ausgegangen sind. Alle, die wie Paulus in Zungen sprechen, wissen, wodurch sich das heilige Phänomen vom hysterischen unterscheidet, obwohl – daran sei nochmals erinnert – beide Phänomene in gewisser Weise identisch sind, wie die Wahrnehmung, die Pepys sowohl dann empfand, wenn er verliebt war, wie auch beim Hören bestimmter Musik, oder wenn er krank war. Geistliche Dinge werden geistlich beurteilt. Der geistliche Mensch beurteilt alles, und wird von niemandem beurteilt.

Aber wer wagt von sich zu behaupten, er sei ein geistlicher Mensch? Strenggenommen niemand. Und doch können wir sagen, daß wir uns wenigstens einigen dieser Umwandlungen, die das christliche Leben in dieser Welt ausmachen, von oben, um nicht zu sagen von innen, nähern. Wir sind uns unserer Unwürdigkeit und Vermessenheit bewußt, und doch müssen wir behaupten, daß wir das höhere System, das hier umgewandelt wird, ein wenig kennen. Unser Anspruch ist nicht aufsehenerregend. Wir behaupten lediglich zu wissen, daß unsere Hingabe, auch wenn man über ihre Motive streiten kann, nicht aus purer Lust geschah oder daß unser sichtbares Verlangen nach dem Himmel, auch wenn man über seine Motive streiten kann, nicht nur in dem Wunsch nach langem Leben oder Juwelen oder gesellschaftlichem Ansehen gründete. Was Paulus mit geistlichem Leben umschreibt, haben wir vielleicht nicht einmal annähernd erreicht. Aber wir wissen zumindest, vage und verschwommen, daß wir die natürlichen Handlungen, Bilder und Sprachen in einer neuen Bedeutung zu gebrauchen versuchen, daß wir nicht nur aus Gründen praktischer Überlegung nach Buße und nicht nur aus Ichbezogenheit nach Liebe verlangen. Im schlimmsten Falle wissen wir gerade so viel von der geistigen Welt, um erkennen zu können, daß wir sie nicht erreichen; so als wüßte das Bild genug von der dreidimensionalen Welt, um erkennen zu können, daß es flach ist.

Es ist nicht nur Demut (das natürlich auch), wenn wir darauf hinweisen, wie vage unser Wissen eigentlich ist. Ich bezweifle, daß unsere geistlichen Erfahrungen außer durch Gottes direkten Eingriff je einer Selbstprüfung standhalten könnten. Wenn es schon unsere Gefühle nicht können (der Versuch, herauszufinden, was wir gerade fühlen, bringt ja nichts anderes als eine physische Wahrnehmung zum Vorschein), wieviel weniger werden wir dies dann erst in bezug auf das Wirken des Heiligen Geistes zustandebringen! Der Versuch, durch genaue Analyse des Innenlebens etwas von unserem geistlichen Zustand zu erkennen, ist in meinen Augen etwas Schreckliches und offenbart uns nicht die Geheimnisse von Gottes und unserem Geist, sondern höchstens ihre Umwandlung in Intellekt, Gefühl und Phantasie, oder er führt uns auf direktem Wege in Vermessenheit oder Verzweiflung.

Ich glaube, daß diese Lehre von der Transposition vielen von uns den so notwendigen Hintergrund für die christliche Tugend der Hoffnung liefern kann. Wir können nur auf etwas hoffen, was wir zu wünschen imstande sind. Das Problem ist jedoch, daß jede erwachsene und philosophisch akzeptable Idee, die wir uns vom Himmel machen können, zwangsläufig alles das leugnen muß, was unsere Natur sich wünscht. Zweifellos gibt es den einfältigen Glauben, den Glauben des Kindes oder des Primitiven, der keine Probleme kennt. Er akzeptiert ohne langes Fragen die Harfen und goldenen Straßen und die Wiedervereinigung von Familien, wie sie die Dichter unserer Kirchenlieder beschreiben. Solch ein Glaube muß enttäuscht und, im tiefsten Sinne, doch nicht enttäuscht werden; denn während er einerseits den Irrtum begeht, Symbole für Fakten zu halten, begreift er andererseits den Himmel doch als Freude und Reichtum und Liebe. Aber für die meisten von uns ist ein solcher Glaube nicht möglich. Wir sollten auch nicht versuchen, uns künstlich dümmer zu machen als wir sind. Ein Mensch wird nicht «wie ein kleines Kind», indem er kindliches Verhalten nachäfft. Folglich besteht unsere Vorstellung vom Himmel aus fortwährendem Verzicht: kein Essen, kein Trinken, kein Sex, keine Bewegung, keine Fröhlichkeit, keine besonderen Ereignisse, keine Zeit, keine Kunst.

All diesen negativen Gedanken setzen wir einen positiven entgegen: Wir werden Gott sehen, und das wird Freude sein. Da das ein unendliches Gut ist, behaupten wir (zu Recht), daß es alles andere aufwiegt. Das heißt, die bloße Tatsache, daß wir Gott von Angesicht sehen werden, wird allen tatsächlichen Verzicht aufwiegen, unendlich aufwiegen. Aber kann auch unsere schwache Vorstellungskraft unsere jetzigen Vorstellungen über diesen Verzicht bereits aufwiegen? Das ist ein ganz anderes Problem. Bei fast allen von uns wird die Antwort in den meisten Fällen «Nein» lauten. Wie sich dies bei den großen Heiligen und Mystikern verhält, kann ich nicht sagen. Aber für uns andere ist es schwierig, aus seltenen und noch nicht einmal eindeutigen Begebenheiten unserer irdischen Erfahrung, die noch dazu anfechtbar und flüchtig sein müssen, auf diese zukünftige Schau Gottes Rückschlüsse zu ziehen. Im Gegensatz dazu ist unsere Vorstellung von all den Dingen, auf die wir verzichten müssen, lebendig und nachhaltig – beladen mit den Erinnerungen eines ganzen Lebens und eingepflanzt in unsere Nerven und Muskeln und damit auch in unsere Phantasie.

Damit haben die Negativa bei jedem Vergleich gegenüber den Positiva sozusagen einen unfairen Vorsprung. Und schlimmer noch, ihre Gegenwart beeinflußt – vor allem dann, wenn wir sie ganz entschieden unterdrücken oder ignorieren wollen – auch noch die schwache und schemenhafte Vorstellung des Positiven, die wir vielleicht hatten. Der Ausschluß aller niedrigen Güter erscheint uns somit als wesentliches Merkmal des höheren Guts. Wir empfinden, auch wenn wir es nicht sagen, daß unsere Natur nicht vollendet, sondern zerstört wird, wenn wir Gott schauen; dieses trübe Hirngespinst liegt auch oft dem Gebrauch von Worten wie «heilig», «rein» oder «geistlich» zugrunde.

Dieser Entwicklung sollten wir wenn möglich vorbeugen. Wir müssen glauben – und uns damit auch in gewisser Weise vorstellen –, daß jeder Verzicht nur die Kehrseite einer Erfüllung ist, wobei mit Erfüllung ganz direkt die Erfüllung unseres Menschseins gemeint ist, nicht eine Umwandlung in Engel oder ein Aufgesogenwerden von der Gottheit. Denn wenn wir auch sein werden «wie die Engel» und «wie» unser Herr, so heißt dies doch, meine ich, «gleich nach der Gleichheit, die uns Menschen angemessen ist», wie verschiedene Instrumente, die – jedes auf seine Weise – die gleiche Melodie spielen. Inwiefern das Leben des auferstandenen Menschen auch von sinnlichen Wahrnehmungen geprägt sein wird, wissen wir nicht. Ich vermute aber, daß es sich von unserem jetzigen Empfindungsleben unterscheiden wird, nicht so, wie die Leere sich vom Wasser oder Wasser vom Wein, sondern so, wie sich eine Blume von der Blumenzwiebel oder eine Kathedrale vom Plan des Architekten unterscheidet. An diesem Punkt hilft mir die Theorie von der Transposition weiter.

Lassen Sie mich ein Märchen erzählen. Eine Frau wird in einen Kerker geworfen. Dort gebiert sie einen Sohn. Sie zieht ihn auf; er wächst heran und sieht tagaus, tagein nichts anderes als die Kerkerwände, das Stroh auf dem Boden und ein kleines Fleckchen Himmel, das ganz oben durch das Gitter zu sehen ist. Nichts weiter. Diese unglückliche Frau ist eine Künstlerin, und es war ihr, als sie gefangengenommen wurde, gelungen, einen Zeichenblock und eine Schachtel Bleistifte mit in den Kerker zu schmuggeln. Da sie die Hoffnung auf ihre Befreiung nie aufgibt, erklärt sie ihrem Sohn ständig, wie die Außenwelt aussieht, die er nie gesehen hat. Sie tut das größtenteils, indem sie ihm Bilder zeichnet. Mit ihrem Stift versucht sie ihm zu zeigen, was Felder, Flüsse, Berge, Städte und Wellen am Strand sind. Er ist ein gehorsamer Junge und bemüht sich nach Kräften, ihr zu glauben, wenn sie ihm erzählt, die Außenwelt sei sehr viel interessanter und prächtiger als alles im Kerker. Manchmal gelingt es ihm. Im großen und ganzen kommt er recht gut voran, bis er eines Tages eine Bemerkung macht, bei der seine Mutter stutzt. Für ein oder zwei Minuten reden sie aneinander vorbei. Bis es ihr schließlich dämmert, daß er sie all diese Jahre hindurch mißverstanden hat:

«Aber», bringt sie mit Mühe heraus, «du hast doch nicht geglaubt, daß die wirkliche Welt voller Bleistiftstriche ist?» – «Was», sagt der Junge, «es gibt keine Bleistiftstriche?» Und in einem einzigen Augenblick bricht seine ganze Vorstellung von der Außenwelt wie ein Kartenhaus zusammen. Denn die Linien, mit deren Hilfe allein er sie sich vorstellen konnte, sollen auf einmal nicht mehr da sein. Er hat nicht die leiseste Idee von all den Dingen, die ohne Linien auskommen, die durch die Linien nur umgewandelt wurden – die schwankenden Wipfel der Bäume, Licht, das auf einem Wehr tanzt, die farbigen, dreidimensionalen Wirklichkeiten, die nicht in Linien eingeschlossen sind, sondern ihre Form in jedem Augenblick mit einer Genauigkeit und Vielfalt neu bestimmen, die keine Zeichnung je wiedergeben könnte. Das Kind wird zu der Auffassung kommen, die reale Welt sei weniger sichtbar als die Bilder seiner Mutter. Aber in Wirklichkeit fehlen ihr die Linien, weil sie unvergleichlich sichtbarer ist.

Genauso geht es uns. «Wir wissen nicht, was wir sein werden»; aber wir dürfen gewiß sein, daß wir mehr, nicht weniger sein werden als auf der Erde. Unsere natürlichen Erfahrungen (durch Sinne, Gefühle und Phantasie) sind nur wie die Zeichnung, wie Bleistiftstriche auf einem flachen Blatt Papier. Wenn sie im auferstandenen Leben verschwinden werden, dann so, wie die Bleistiftstriche in der realen Landschaft verschwinden; nicht wie eine Kerzenflamme, die ausgeblasen wird, sondern wie eine Flamme, die man nicht mehr wahrnimmt, weil einer den Vorhang aufgezogen und die Fensterläden aufgestoßen hat und nun die Strahlen der aufgehenden Sonne hereinströmen.

Wir können es drehen, wie wir wollen. Wir können sagen, daß durch die Transposition unser Menschsein, unsere Sinne und alles andere zum Vermittler der Seligkeit werden. Oder wir können sagen, daß die himmlischen Gaben durch die Transposition bereits in diesem Leben, in unseren zeitlichen Erfahrungen Gestalt annehmen. Aber der zweite Weg ist der bessere. Denn es ist unser gegenwärtiges Leben, das nur eine Verkleinerung, ein Symbol, eine Verkrüppelung und (sozusagen) ein «vegetarischer» Ersatz ist. Wenn Fleisch und Blut das Reich Gottes nicht ererben können, dann liegt das nicht daran, daß sie zu massiv, zu grob, zu selbständig oder zu erhaben wären. Sie sind zu schwach, zu vergänglich, zu unwirklich.

Damit ist mein Fall, wie der Jurist sagen würde, abgeschlossen. Aber lassen Sie mich noch vier Punkte anfügen:

1. Ich hoffe, es ist ausreichend klar geworden, daß die Theorie einer Transposition, wie ich sie nenne, nicht mit einer anderen Theorie zu verwechseln ist, die oft zu dem gleichen Zweck verwandt wird. Ich meine die Evolutionstheorie. Der Evolutionist erklärt den Zusammenhang zwischen Dingen, die den Anspruch erheben, geistig zu sein, und solchen, die offensichtlich natürlichen Ursprungs sind, damit, daß er sagt, das eine entwickle sich langsam in das andere. Gewiß lassen sich mit dieser Ansicht einige Tatsachen erklären, aber im allgemeinen wird sie doch überstrapaziert. Auf jeden Fall stelle ich diese Theorie nicht auf. Ich sage nicht, daß der natürliche Akt des Essens und Trinkens nach Millionen von Jahren irgendwie zu einem christlichen Sakrament erblüht. Ich sage vielmehr, daß die geistige Wirklichkeit, die existierte, lange bevor es Geschöpfe gab, die essen, diesem natürlichen Akt eine neue Bedeutung gibt und mehr noch als das, ihn in einem bestimmten Zusammenhang zu etwas anderem werden läßt. Mit anderen Worten, ich glaube, daß reale Landschaften zu Bildern werden können, nicht aber, daß Bilder eines Tages ausschlagen und echte Bäume und Gras wachsen lassen.

2. Während ich über das Phänomen der Transposition nachdachte, mußte ich mir immer wieder die Frage stellen, inwieweit es uns helfen könnte, die Menschwerdung Jesu zu begreifen. Wenn die Transposition lediglich eine Art Symbol wäre, könnte sie uns hier natürlich nicht weiterhelfen; im Gegenteil, sie würde uns erst recht in die Irre führen, zurück zu einer neuen Art von Doketismus[21] (oder wäre es nur die alte Art?) und fort von der überaus historischen und konkreten Realität, die im Zentrum all unserer Hoffnung, unseres Glaubens und unserer Liebe steht. Aber die Umwandlung ist, wie ich zu zeigen versucht habe, nicht immer nur symbolisch. Die niedrigere Wirklichkeit kann in unterschiedlichem Maße tatsächlich in die höhere gezogen und ein Teil von ihr werden. Die Wahrnehmung, die die Freude begleitet, wird selbst zur Freude; wir kommen kaum umhin zu sagen, sie «verkörpert» Freude.

Wenn dem so ist, dann wage ich, wenn auch mit großem Zweifel und unter allem Vorbehalt, zu behaupten, daß die Theorie von der Transposition der Theologie – oder zumindest der Philosophie – von der Menschwerdung einen Beitrag zu liefern hat. Denn in einem der Glaubensbekenntnisse wird uns gesagt, daß die Menschwerdung «nicht durch Verwandlung der Gottheit ins Fleisch, sondern durch Aufnahme der Menschheit in Gott» geschah. Und es scheint mir, als gäbe es hier eine echte Analogie zu dem, was ich als Transposition bezeichnet habe; daß die menschliche Natur, obwohl sie bleibt, was sie ist, nicht nur für göttlich gehalten, sondern wirklich zur Gottheit gezogen wird, scheint mir der gleiche Vorgang zu sein wie der, durch den eine Wahrnehmung (die in sich selbst noch kein Vergnügen ist) zur Freude wird, die sie begleitet. Aber hier bewege ich mich in *mirabilibus supra me* [a] und überlasse lieber alles dem Urteil echter Theologen.

3. Ich habe in all dem, was ich hier gesagt habe, deutlich zu machen versucht, daß ein Mensch, der sich der Transposition allein vom niedrigeren Medium her nähert, unweigerlich zu falschen Ergebnissen kommen muß. Die Stärke eines solchen

———
a) Wunder über mir.

Kritikers liegt in den Worten «lediglich» oder «nichts als». Er sieht nur die Tatsache, aber nicht ihren Sinn. Sehr zu Recht behauptet er darum, alle Tatsachen gesehen zu haben. Es *ist* nichts anderes da – außer dem Sinn. Deshalb befindet er sich, im gegebenen Fall, in der gleichen Position wie ein Tier. Sicher haben Sie schon einmal bemerkt, daß die meisten Hunde nicht verstehen, was *zeigen* heißt. Man zeigt auf ein Stück Fleisch am Boden, aber was tut der Hund? Anstatt auf den Boden zu schauen, schnüffelt er an Ihrem Finger. Ein Finger ist für ihn ein Finger und nichts anderes. Seine Welt besteht nur aus Tatsachen und keinem Sinn. Und in einer Zeit, die vom sachlichen Realismus beherrscht wird, werden wir feststellen, daß die Menschen freiwillig dieses hundehafte Denken übernehmen.

Ein Mann, der bereits erfahren hat, was Liebe ist, geht nun freiwillig daran, sie von außen zu analysieren und wird schließlich seiner Analyse mehr glauben als der eigenen Erfahrung. Die äußerste Grenze solcher Selbstverblendung finden wir da, wo Menschen, die genauso Bewußtsein haben wie wir, anfangen, den menschlichen Organismus zu studieren, als wüßten sie nicht, daß er Bewußtsein hat. Solange die Menschen sich freiwillig weigern, Dinge von oben zu verstehen, selbst da, wo solch ein Verstehen möglich wäre, ist es müßig, von einem endgültigen Sieg über den Materialismus zu reden. Die von unten kommende Kritik an jeder Erfahrung, das freiwillige Ignorieren eines Sinnes und die Konzentration auf die Tatsachen wird immer dieselbe Überzeugungskraft haben. Es wird immer Beweise geben, jeden Monat neue, die zeigen, daß die Religion nur psychologisch, Gerechtigkeit nur Selbstschutz, Politik nur Ökonomie, Liebe nur Lust und das Denken selbst nur ein biochemischer Vorgang unseres Gehirns ist.

4. Zum Schluß möchte ich noch darauf hinweisen, daß das, was ich über die Transposition gesagt habe, auch auf die Lehre von unserer Auferstehung ein neues Licht wirft. Denn in gewissem Sinne ist der Transposition alles möglich. Wie groß der Unterschied zwischen Geist und Natur, zwischen schöngeistiger Freude und diesem Flattern des Zwerchfells, zwischen der Wirklichkeit und dem Bild auch sein mag, die

Transposition kann dem allem genügen. Ich habe gesagt, daß wir beim Zeichnen sowohl für die Sonne als auch für Wolken, Schnee, Wasser und die Haut des Menschen nur blankes weißes Papier hätten. Wie ungenügend! Und doch, wie vollkommen. Wenn die Schattierungen gut herausgebracht sind, wird dies Fleckchen weißes Papier, auf unerklärliche Weise, aussehen wie strahlender Sonnenschein; wir fangen beinahe an zu frieren, wenn wir den Papierschnee betrachten und können uns fast die Hände am Papierfeuer wärmen. Sollten wir darum nicht analog dazu annehmen, daß keine Erfahrung des Geistes so transzendent und übernatürlich, keine Vision der Gottheit selbst so nah und gleichzeitig alle Bilder und Gefühle übersteigend sein kann, um nicht doch auf der Stufe unserer Sinne eine Entsprechung zu finden? Nicht durch einen neuen Sinn, sondern dadurch, daß dieselben Wahrnehmungen, die wir jetzt haben, eine neue Bedeutung, eine Umwälzung erfahren, von der wir hier nicht die leiseste Vorstellung haben?

Das Gewicht der Herrlichkeit

Würde man heute zwanzig brave Männer fragen, welches in ihren Augen die höchste Tugend sei, so würden neunzehn von ihnen antworten: Selbstlosigkeit. Doch hätte man die großen Christen der Vergangenheit gefragt, so hätten fast alle erwidert: die Liebe. Sehen Sie, was hier geschehen ist? Ein negativer Ausdruck hat einen positiven abgelöst, und das hat mehr als nur philologische Bedeutung. Der negative Begriff der Selbstlosigkeit hat den Unterton, daß nun nicht mehr in erster Linie das Gute für den anderen gesucht wird, sondern daß man selbst auf etwas verzichtet, so als ob unser Verzicht und nicht sein Glück das Wesentliche wäre. Ich glaube nicht, daß dies die christliche Tugend der Liebe ist. Das Neue Testament hat manches über die Selbstverleugnung zu sagen, aber nicht über die Selbstverleugnung als Selbstzweck. Wir werden aufgefordert, uns selbst zu verleugnen und unser Kreuz auf uns zu nehmen, damit wir Christus folgen können, und fast alle Beschreibungen dessen, was wir empfangen werden, wenn wir gehorchen, enthalten einen Appell an unsere Wünsche.

Wenn heute in den meisten modernen Köpfen der Gedanke herumgeistert, der Wunsch nach unserem eigenen Wohlergehen und die Hoffnung auf seine Erfüllung seien etwas Schlechtes, so halte ich dem entgegen, daß dieser Gedanke sich über Kant und die Stoiker eingeschlichen hat, aber nicht Bestandteil des christlichen Glaubens ist. Ganz im Gegenteil. Wenn wir die geradezu schamlosen Verheißungen auf Belohnung und die phantastischen Belohnungen, die in den Evangelien verheißen werden, betrachten, scheint es, als müßten unsere Wünsche dem Herrn eher zu schwach als zu groß vorkommen.

Wir sind halbherzige Geschöpfe, die sich mit Alkohol, Sex und Karriere zufriedengeben, wo uns unendliche Freude angeboten wird – wie ein unwissendes Kind, das weiter im Elendsviertel seine Schlammkuchen backen will, weil es sich nicht vorstellen kann, was eine Einladung zu Ferien an der See bedeutet. Wir geben uns viel zu schnell zufrieden.

Wir sollten uns nicht durch die Ungläubigen beunruhigen lassen, die behaupten, die Verheißungen auf eine Belohnung machten das Christentum zu einer selbstsüchtigen Angelegenheit. Es gibt verschiedene Arten von Belohnung. Es gibt solche, die in keinem direkten Zusammenhang mit den Anstrengungen stehen, die man macht, um sie zu erringen, und die auch keinen natürlichen Bezug zu den sie begleitenden Wünschen haben. Geld ist nicht die natürliche Belohnung für Liebe, deshalb nennen wir einen Mann, der eine Frau nur um ihres Geldes willen heiratet, selbstsüchtig. Aber für jemanden, der wirklich liebt, ist die Heirat eine echte Belohnung, und wir würden ihn deshalb niemals selbstsüchtig nennen. Ein General, der sich im Kampf hervortut, weil er einen Orden oder einen Adelstitel möchte, ist selbstsüchtig; ein General, der für den Sieg kämpft, jedoch nicht, weil der Sieg die wahre Belohnung für den Kampf ist, wie die Heirat die wahre Belohnung der Liebe. Wahre Belohnungen sind nicht einfach an die Tätigkeit angeheftet, für die man sie erhält, sondern ergeben sich aus dem Vollzug dieser Tätigkeit selbst.

Es gibt allerdings noch einen dritten, komplizierteren Fall. Freude an der griechischen Dichtung ist sicher eine echte und keine selbstsüchtige Belohnung für das Erlernen der griechischen Sprache; doch nur der, der ein Stadium erreicht hat, in dem er sich an der griechischen Dichtung erfreuen kann, kann aus seiner Erfahrung sagen, daß dies so ist. Der Schüler, der mit der griechischen Grammatik beginnt, kann sich noch nicht in dem Sinne auf den späteren Genuß von Sophokles freuen, wie ein Liebhaber sich auf die Heirat oder ein General sich auf den Sieg freut. Er lernt ganz einfach, damit er gute Noten bekommt oder nicht bestraft wird oder seinen Eltern Freude macht oder, im günstigsten Falle, in der Hoffnung auf einen zukünftigen Nutzen, den er sich im Augenblick weder vorstel-

len noch wünschen kann. Seine Lage ähnelt der des Selbstsüchtigen; die Belohnung, die er einmal erhalten wird, ist
zwar eine natürliche, echte Belohnung, aber das wird er erst
wissen, wenn er sie empfängt. Natürlich erhält er sie nach und
nach; neben der puren Schinderei schleicht sich die Freude
bereits ein, und niemand kann später sagen, an welchem Tag
oder in welcher Stunde die eine aufhörte und die andere
begann. Aber nur insofern als er sich der Belohnung nähert,
wird er auch fähig, sie um ihrer selbst willen zu begehren; und
dabei ist die Fähigkeit, sie zu begehren, selbst bereits ein
Vorgeschmack auf die Belohnung.

Der Christ befindet sich in seinem Verhältnis zum Himmel
in einer ganz ähnlichen Situation wie dieser Schüler. Alle, die
das ewige Leben vor dem Angesicht Gottes schon erreicht
haben, wissen zweifellos ganz genau, daß es keine bloße
Bestechung, sondern die Erfüllung ihrer irdischen Jünger-
schaft ist; aber wir, die es noch nicht erlangt haben, können
das nicht auf dieselbe Weise wissen. Wir können nicht einmal
eine Ahnung davon bekommen, es sei denn, wir üben uns in
ständigem Gehorsam und finden die erste Belohnung für
diesen Gehorsam in unserem wachsenden Verlangen nach der
letzten, großen Belohnung. Im gleichen Verhältnis wie unser
Verlangen wächst, wird die Furcht, es handle sich nur um
selbstsüchtige Wünsche, dahinschwinden und schließlich als
Unsinn erkannt werden. Aber für die meisten von uns wird
das vermutlich nicht an einem einzigen Tag passieren; Dichtung ersetzt die Grammatik, das Evangelium ersetzt das Gesetz, und Sehnsucht verwandelt den Gehorsam so allmählich,
wie die Flut ein versunkenes Schiff nach oben trägt.

Noch eine andere wichtige Ähnlichkeit besteht zwischen
dem Schüler und uns. Wenn er einfallsreich ist, wird er
höchstwahrscheinlich einige Zeit bevor er zu begreifen beginnt, daß die griechische Grammatik ihn zu noch größerem
Genuß führen wird, in, seinem Alter angemessenen, englischen Dichtern und Romanschreibern schwelgen. Womöglich
vernachlässigt er sogar sein Griechisch, um heimlich Shelley[23]
und Swinburne[24] zu lesen. Mit anderen Worten, das Verlangen, das ihm das Griechische wirklich eines Tages befriedigen

wird, besteht bereits in ihm, und zwar in Verbindung mit Dingen, die in keinem direkten Zusammenhang mit Xenophon[25] und den Verben auf $\mu\iota$ stehen. Wenn wir also für den Himmel geschaffen wurden, so tragen wir das Verlangen nach unserem wahren Platz bereits in uns, aber es steht noch nicht in Verbindung mit dem wahren Ziel, sondern erscheint uns oft sogar als dessen Rivale. Das ist die Situation, die wir vorfinden.

Natürlich wird mein Vergleich mit dem Schüler an einem Punkt zusammenbrechen. Die englische Dichtung, die er liest, während er seine Griechischaufgaben erledigen sollte, kann genauso gut sein wie die griechische Dichtung, die sich ihm durch die Aufgaben einmal erschließen wird, so daß sein Verlangen sich nicht unbedingt auf das verkehrte Ziel konzentriert, wenn er, statt zu Aischylos überzugehen, sich an Milton festhält. Aber unser Fall ist anders gelagert. Wenn unser wahres Schicksal ein zeitloses und unendliches Gut ist, dann muß jeder andere Gegenstand, auf den wir unser Verlangen fixieren, in gewisser Weise trügerisch sein und bestenfalls einen symbolischen Hinweis auf die wahre Befriedigung in sich tragen.

Ich empfinde eine gewisse Scheu, wenn ich von diesem Wunsch nach unserer fernen Heimat spreche, den wir auch jetzt in uns spüren. Beinahe begehe ich eine Indiskretion. Ich versuche, in jedem von Ihnen ein untröstliches Geheimnis aufzudecken – ein Geheimnis, das uns so schmerzt, daß wir ihm aus Rache Namen wie Nostalgie, Romantik und Jugend geben; ein Geheimnis, das uns so süß durchbohrt, daß wir unbeholfen reagieren und über uns selbst lachen, wenn im vertraulichen Gespräch die Rede darauf kommt; ein Geheimnis, das wir nicht verbergen und über das wir doch auch nicht sprechen können, obwohl wir beides gern täten. Wir können nicht darüber sprechen, weil es ein Wunsch nach etwas ist, was in unserem Erfahrungsbereich noch nie aufgetaucht ist. Wir können es nicht verbergen, weil unsere Erfahrung es uns ständig suggeriert, und wir verraten uns selbst, wie Verliebte bei der Nennung des geliebten Namens.

Der gebräuchlichste Ausweg besteht darin, daß wir dies

Geheimnis Schönheit nennen und so tun, als sei die Sache damit geklärt. Wordsworth[26] fand einen Ausweg darin, es mit bestimmten Augenblicken seiner eigenen Vergangenheit zu identifizieren. Aber das ist Betrug. Wenn Wordsworth zu diesen Augenblicken in der Vergangenheit hätte zurückkehren können, so hätte er nicht die Sache selbst gefunden, sondern lediglich einen Hinweis auf sie; es hätte sich herausgestellt, daß das, woran er sich erinnerte, selbst wiederum Erinnerung war. Die Bücher oder die Musik, in denen wir die Schönheit vermuteten, werden uns verraten, wenn wir unser Vertrauen in sie setzen; sie war nicht *in* ihnen, sie kam nur *durch* sie, und was durch sie kam, war Sehnsucht. Diese Dinge – die Schönheit und die Erinnerung an unsere eigene Vergangenheit – sind gute Bilder für das, was wir wirklich wünschen; aber wenn wir sie für die Sache selbst halten, werden sie zu stummen Götzen, die die Herzen ihrer Verehrer brechen. Denn sie sind nicht die Sache selbst; sie sind nur der Duft einer Blume, die wir noch nicht gefunden, das Echo einer Melodie, die wir noch nicht gehört, Berichte von einem fernen Land, das wir noch nie besucht haben.

Glauben Sie, ich versuche, einen Bann zu weben? Vielleicht tue ich es; aber erinnern Sie sich einmal an die Märchengeschichten, die Sie gehört haben. Ein Bann kann genauso dazu gebraucht werden, einen Fluch zu brechen wie ihn auszusprechen. Und Sie und ich brauchen den stärksten Bann, um uns aus der bösen Verzauberung der Weltlichkeit zu wecken, die seit fast hundert Jahren auf uns liegt. Fast unsere gesamte Erziehung war darauf ausgerichtet, diese scheue innere Stimme zum Schweigen zu bringen, fast alle unsere modernen Philosophien wurden dazu ersonnen, uns zu überzeugen, daß das Wohl des Menschen auf dieser Erde zu finden sei. Aber zugleich ist es bemerkenswert, daß diese Philosophien des Fortschritts oder der schöpferischen Evolution selbst, wenn auch widerwillig, von der Wahrheit zeugen müssen, daß unser wahres Ziel anderswo zu suchen ist.

Achten Sie einmal darauf, wie sie uns zu überzeugen versuchen, daß die Erde unsere Heimat ist. Sie beginnen damit, uns einzureden, wir könnten die Erde in einen Himmel verwandeln; damit beschwichtigen sie unser Gefühl, auf dieser Erde nur Fremdlinge zu sein. Als nächstes sagen sie uns, daß dieser glückselige Zustand noch in weiter Ferne liegt, womit sie auch unser Wissen darum beruhigen, daß das Vaterland nicht hier und jetzt zu finden ist. Schließlich, damit unsere Sehnsucht nach dem Zeitlosen nicht doch noch erwacht und alles verdirbt, benutzen sie jedes Argument, das sich gerade bietet, um den Gedanken von uns fernzuhalten, daß ja jede Generation das Glück, das sie den Menschen auf dieser Erde verspricht, durch den Tod verliert, einschließlich der allerletzten Generation, so daß die ganze Geschichte, selbst als Geschichte, wertlos ist und es immer bleiben wird. Von daher rührt auch all der Unsinn, den Herr Shaw in die Schlußrede der *Lilith* gepackt hat, sowie Bergsons[27] Bemerkung, der *élan vital* sei in der Lage, alle Hindernisse, vielleicht selbst den Tod, zu überwinden – als ob wir glauben könnten, daß irgendeine gesellschaftliche oder biologische Entwicklung auf diesem Planeten das Schwächerwerden der Sonne hinauszögern oder den zweiten thermodynamischen Hauptsatz umkehren könnte.

Doch egal, was sie sich einfallen lassen, wir bleiben uns dessen bewußt, daß wir ein Verlangen in uns tragen, das durch kein natürliches Glück gestillt werden kann. Haben wir überhaupt Grund zu der Annahme, die Wirklichkeit könne es in irgendeiner Weise stillen? «Der Hunger beweist noch nicht, daß wir Brot haben.» Dieser Einwand trifft das Problem nicht ganz. Der physische Hunger eines Menschen beweist noch nicht, daß er auch Brot bekommen wird; er kann auf einem Floß im Atlantik Hungers sterben. Aber sicher ist der Hunger eines Menschen Beweis dafür, daß er einer Rasse entstammt, die ihren Körper durch Essen erneuert, und daß er in einer Welt lebt, in der es eßbare Substanzen gibt. Ebenso glaube ich zwar nicht, daß mein Verlangen nach dem Paradies Beweis dafür ist, daß ich hineinkomme (ich wünschte, ich könnte das glauben), aber es ist doch ein Hinweis darauf, daß es ein Paradies gibt und daß einige Menschen hineinkommen werden. Ein Mann kann eine Frau lieben, ohne sie je zu gewinnen; seltsam wäre es, wenn das «Verliebtsein» genannte Phänomen in einer geschlechtslosen Welt auftauchte.

Hier haben wir nun unseren Wunsch, umherirrend und das Ziel noch nicht kennend und immer noch unfähig, es in der Richtung zu suchen, in der es liegt. Unsere heiligen Bücher geben uns über dieses Ziel einige, natürlich symbolische, Auskunft. Der Himmel befindet sich *per definitonem* außerhalb unseres Erfahrungsbereiches, aber alle verständlichen Beschreibungen müssen sich innerhalb dieses Bereichs bewegen. Das biblische Bild des Himmels ist darum ebenso symbolhaft wie das Bild, das sich unser Verlangen, ohne Hilfe von außen, zurechtlegt; der Himmel ist nicht wirklich voller Juwelen, genauso wie die Schönheit nicht wirklich in der Natur oder einem schönen Musikstück gefunden werden kann. Allerdings hat das biblische Bild Autorität. Es wird uns von Schreibern überliefert, die Gott näher waren als wir, und hat sich durch die Jahrhunderte hindurch in den Erfahrungen der Christen bewährt. Die natürliche Anziehungskraft des Bildes erscheint mir auf den ersten Blick recht gering. Es schreckt eher ab, als daß es mein Verlangen weckt. Und genau damit sollten wir rechnen. Wenn uns die christliche Lehre nicht mehr von diesem fernen Land zu berichten hätte, als was unsere eigene Vorstellungskraft uns bereits ahnen läßt, dann wäre sie uns nicht überlegen. Doch wenn sie mehr zu geben hat, dann müssen wir damit rechnen, daß sie uns nicht sofort attraktiver erscheint als «unser eigenes Zeug». Dem Schüler, der gerade bei Shelley angelangt ist, wird Sophokles langweilig und kalt vorkommen. Wenn unsere Religion wirklich objektiv ist, sollten wir uns nie von den Stellen abwenden, die uns verwirren oder abstoßen; denn gerade da offenbart sich uns, was wir noch nicht wissen, was wir aber wissen müssen.

Die Verheißungen der Schrift lassen sich ganz grob in fünf Punkten zusammenfassen. Erstens wird uns verheißen, daß wir mit Christus sein werden; zweitens, daß wir sein werden wie er; drittens, mit einer Fülle von Bildern, daß wir «Herrlichkeit» haben werden; viertens, daß wir, in gewissem Sinne, speisen, feiern oder bewirtet werden, und schließlich, daß wir im Universum eine Art offizielle Aufgabe haben werden – Städte regieren, Engel richten oder Säule an Gottes Tempel sein. Die erste Frage, die sich zu diesen Verheißungen aufdrängt, lautet: «Würde die erste nicht genügen?» Kann der Vorstellung, mit Christus zu sein, denn noch etwas hinzugefügt werden? Stimmt es nicht, was einer der alten Dichter sagte, daß derjenige, der Gott hat und alles andere dazu, dennoch nicht mehr hat als der, der Gott allein hat?

Die Antwort auf diese Frage führt uns wieder zum Wesen der Symbole. Denn selbst wenn es uns nicht auf den ersten Blick auffällt: all unser jetziges Denken über unser Sein mit Christus beinhaltet nicht sehr viel weniger Symbole als die anderen Verheißungen; unsere Vorstellungen schmuggeln räumliche Dimensionen und nette Unterhaltungen ein, wie wir sie jetzt kennen, und konzentrieren sich größtenteils auf das menschliche Wesen Christi, unter Vernachlässigung des göttlichen. Tatsächlich läßt sich feststellen, daß die Christen, die sich allein an die erste Verheißung halten, diese mit sehr irdischen – ja, mit hochzeitlichen oder erotischen – Bildern auffüllen. Es liegt mir fern, diese Bilder zu verdammen. Ich wünschte mir von Herzen, ich könnte mich tiefer in sie hineinversetzen, und bete darum, daß es mir eines Tages gelingt. Ich möchte jedoch betonen, daß es sich auch dabei nur um Symbole handelt, die der Wirklichkeit zwar in mancher Beziehung nahekommen, in anderer aber nicht, und darum der Korrektur durch die verschiedenen Symbole der anderen Verheißungen bedürfen. Die Aufgliederung in verschiedene Verheißungen bedeutet nicht, daß etwas anderes als Gott unsere höchste Seligkeit sein wird, aber weil Gott mehr ist als nur eine Person und damit wir uns die Freude über das Zusammensein mit ihm nicht zu ausschließlich in Begriffen unserer gegenwärtigen Erfahrungen der persönlichen Liebe mit all ihrer Enge, ihrer Spannung und Eintönigkeit vorstellen, werden uns ein Dutzend anderer Bilder angeboten, die sich gegenseitig korrigieren und ergänzen.

Nun zum Begriff der Herrlichkeit: Es läßt sich nicht leugnen, daß dieser Begriff im Neuen Testament und in den frühen christlichen Schriften sehr beliebt war. Die Erlösung wird ständig mit Palmen, Kronen, weißen Kleidern, Thronen und einem Glanz gleich dem von Sonne und Sternen in Verbindung gebracht. Auf den ersten Blick übt das nicht den geringsten Reiz auf mich aus; in dieser Beziehung bin ich vermutlich ein typischer moderner Mensch.

Aber als ich begann, mich mit diesem Thema etwas eingehender zu befassen, stellte ich zu meiner großen Überraschung fest, daß so unterschiedliche Christen wie Milton[28], Johnson[29] und Thomas von Aquin die himmlische Herrlichkeit ganz selbstverständlich im Sinne von Ruhm oder gutem Leumund verstanden. Allerdings nicht als Ruhm, der uns von den Mitmenschen gezollt wird, sondern als Ruhm vor Gott, als Zustimmung oder (soll ich sagen) «Anerkennung» von seiten Gottes.

Nachdem ich darüber nachgedacht hatte, erkannte ich, daß diese Auffassung sogar biblisch ist; die göttliche Anerkennung: «Ei, du frommer und getreuer Knecht», ist aus dem Gleichnis nicht wegzustreichen. Mit dieser Erkenntnis stürzte ein großer Teil dessen, was ich ein Leben lang geglaubt hatte, wie ein Kartenhaus zusammen. Ich erinnerte mich plötzlich daran, daß niemand in den Himmel kommen kann, er werde denn wie ein Kind; und nichts ist bei einem Kind – nicht bei einem eingebildeten, sondern bei einem guten – so augenfällig wie der große und unverhohlene Wunsch, gelobt zu werden. Und dies nicht nur beim Kind, sondern sogar bei einem Hund oder Pferd. Scheinbar hatte mich meine vermeintliche Demut all die Jahre hindurch daran gehindert, zu erkennen, was in Wahrheit das demütigste, das kindlichste, das natürlichste Verlangen ist – ja, das ganz besondere Verlangen des Schwächeren: des Tieres gegenüber dem Menschen, des Kindes vor seinem Vater, des Schülers vor seinem Lehrer und des Geschöpfs vor seinem Schöpfer.

Ich übersehe dabei nicht, wie furchtbar dieser unschuldige Wunsch von unserem menschlichen Ehrgeiz entstellt wird oder wie schnell – das weiß ich aus eigener Erfahrung – das legitime Verlangen nach Lob von einem Menschen, dem ich gefallen soll, zum tödlichen Gift der Selbstbewunderung wird. Doch ich glaube, einen Augenblick – einen ganz, ganz kurzen Augenblick nur – entdecken zu können, in dem die Befriedigung darüber, den geliebten und geachteten Menschen gefallen zu haben, noch rein ist. Das aber genügt bereits, um uns zu veranschaulichen, was geschehen wird, wenn die erlöste Seele, die es nicht zu hoffen und kaum zu glauben wagte, schließlich erfährt, daß sie dem gefallen hat, dem zu gefallen sie erschaffen wurde. Für Eitelkeit wird dann kein Raum sein. Sie wird auch nicht mehr der unseligen Illusion unterliegen, es sei alles ihr Werk. Völlig unbefleckt von dem, was wir jetzt Selbstbestätigung nennen, wird sie sich an dem erfreuen, wozu Gott sie gemacht hat; und im gleichen Augenblick, in dem sie für immer von ihrem alten Minderwertigkeitsgefühl geheilt wird, sinkt auch ihr Stolz noch tiefer als Prosperos[30] Buch. Vollkommene Demut braucht keine Bescheidenheit. Wenn Gott mit dem Werk zufrieden ist, darf das Werk auch mit sich selbst zufrieden sein; «es steht der Demut nicht zu, mit dem König Komplimente auszutauschen».

Ich könnte mir denken, daß jemand meine Vorstellung vom Himmel als einem Ort, an dem uns auf die Schulter geklopft wird, nicht mag. Doch dahinter verbirgt sich ein falscher Stolz. Am Ende wird jenes Antlitz, das die Wonne oder der Schrecken des Universums sein kann, sich jedem von uns mit dem einen oder dem anderen Ausdruck zuwenden; es wird uns entweder unaussprechliche Herrlichkeit verleihen oder uns mit Scham erfüllen, die weder geheilt noch verborgen werden kann.

In einer Zeitschrift las ich kürzlich, daß alles darauf ankäme, wie wir über Gott denken. Bei Gott, das tut es nicht! Was Gott über uns denkt, ist unendlich viel wichtiger. Wirklich, was wir über ihn denken, ist nur dann von Bedeutung, wenn es in Zusammenhang damit steht, was er über uns denkt. Es steht geschrieben, daß wir «vor ihm stehen» werden, daß wir vor ihm erscheinen, von ihm geprüft werden. Die verheißene Herrlichkeit besteht, kaum zu glauben und nur durch das Werk Christi möglich, darin, daß einige von uns, ja, daß jeder von uns, der die rechte Entscheidung fällt, diese Prüfung überleben, Bestätigung finden und Gott gefallen wird. Gott gefallen ... Teil der göttlichen Freude sein ... von Gott geliebt werden, nicht nur bemitleidet, ihn erfreuen, so wie ein Künstler sich an seinem Werk oder ein Vater an seinem Sohn erfreut – das erscheint uns unmöglich; unser Denken kann dies Gewicht, diese Last der Herrlichkeit kaum ertragen. Und doch wird es so sein.

Und nun beachten Sie, was geschehen ist. Hätte ich das autoritative biblische Bild der Herrlichkeit zurückgewiesen und stur an dem vagen Wunsch festgehalten, der anfänglich mein einziger Wegweiser zum Himmel war, ich hätte nie einen Zusammenhang zwischen diesem Wunsch und der christlichen Verheißung erkennen können. Aber nun, nachdem ich mich durch die verwirrenden und teilweise abstoßenden Aussagen der Heiligen Schrift hindurchgekämpft habe, stelle ich rückblickend zu meiner größten Überraschung fest, daß dieser Zusammenhang eindeutig vorhanden ist. Es stellt sich heraus, daß die Herrlichkeit, auf die zu hoffen mich das Christentum lehrt, mein ursprüngliches Verlangen befriedigt und sich darüber hinaus in diesem Verlangen ein Element offenbart, das ich vorher nicht bemerkt habe. Indem ich für einen Augenblick von meinen eigenen Wünschen fortsah, erkannte ich, was ich wirklich wünsche.

Als ich vorhin versuchte, unsere geistige Sehnsucht zu beschreiben, habe ich einen ihrer interessantesten Züge ausgelassen. Wir bemerken ihn gewöhnlich gerade dann, wenn der Zauber erstirbt, die Musik endet oder die letzten himmlischen Strahlen am Horizont erlöschen. Was wir dann empfinden, wurde von Keats[31] sehr treffend mit «der Heimreise zu unserem gewohnten Selbst» beschrieben. Verstehen Sie, was ich meine? Für ein paar Minuten wiegten wir uns in der Illusion, zu dieser anderen Welt zu gehören. Nun wachen wir auf und stellen fest, daß dem nicht so ist. Wir waren bloße Zuschauer. Die Schönheit hat gelächelt, doch nicht, um uns willkommen zu heißen; ihr Gesicht war uns zugewandt, doch sie sah uns nicht. Wir wurden nicht angenommen, willkommen geheißen oder zum Tanz eingeladen. Wir dürfen gehen, wenn wir wollen, wir dürfen bleiben, wenn wir können. «Niemand achtet auf uns.»

Ein Wissenschaftler mag einwenden, daß dies nicht weiter verwunderlich sei, da die meisten Dinge, die wir schön nennen, unbelebt sind. Das ist natürlich richtig. Aber ich spreche nicht von den physischen Objekten, sondern von dem schwer zu beschreibenden Etwas, zu dessen Botschaftern sie für einen Moment werden. Ein Teil der Bitterkeit, die sich unter ihre süße Botschaft mischt, rührt daher, daß die Botschaft so selten wirklich für uns bestimmt zu sein scheint und wir sie eher wie zufällig mitanhören. Mit Bitterkeit meine ich hier Schmerz, nicht Unmut. Wir dürfen kaum wagen, um etwas Aufmerksamkeit für uns zu bitten. Aber wir schmachten danach. Das Gefühl, daß wir in diesem Universum wie Fremde behandelt werden, die Sehnsucht nach Anerkennung, nach einer Antwort, nach einer Brücke über den Abgrund, der zwischen uns und der Wirklichkeit gähnt, sind ein Teil unseres untröstlichen Geheimnisses. Unter diesem Gesichtspunkt gewinnt die Verheißung der Herrlichkeit im aufgezeigten Sinne für unsere tiefsten Wünsche an immenser Bedeutung. Denn Herrlichkeit bedeutet guter Leumund vor Gott, bedeutet Angenommensein von Gott, bedeutet Antwort, Anerkennung und Aufnahme in das Wesen aller Dinge. Die Tür, an die wir ein Leben lang anklopften, wird uns endlich aufgetan.

Vielleicht erscheint es Ihnen nicht genug durchdacht, wenn ich die Herrlichkeit als «Bemerktwerden» von Gott beschreibe. Doch ist dies die Sprache des Neuen Testamentes. Paulus verheißt den Menschen, die Gott lieben, nicht, wie wir es wohl erwartet hätten, daß sie Gott kennen, sondern daß er sie kennen wird (1. Kor. 8,3). Es ist eine seltsame Verheißung. Kennt Gott nicht alle Dinge zu allen Zeiten? An anderer Stelle des Neuen Testamentes hallt die Kehrseite dieser Verheißung bedrohlich wieder. Dort werden wir ermahnt, daß jeder von uns, wenn wir schließlich vor Gottes Antlitz erscheinen, damit rechnen muß, die schrecklichen Worte zu hören: «Ich habe euch nie gekannt; weichet von mir!»

So dunkel es unserem Verstand auch erscheinen und so unerträglich es unserem Gefühl sein mag, wir können sowohl aus der Gegenwart Gottes, der doch allgegenwärtig ist, verbannt, als auch aus seinem Wissen, der doch allwissend ist, ausradiert werden. Wir können endgültig und unwiderruflich *draußen* gelassen werden – abgewiesen, verbannt, entfremdet und völlig unbeachtet. Andererseits können wir auch hereingerufen, willkommen geheißen, angenommen und anerkannt werden. Tag für Tag wandern wir auf Messers Schneide zwischen diesen beiden unvorstellbaren Möglichkeiten. Von daher ist unser lebenslanges Heimweh, unsere Sehnsucht nach Wiedervereinigung mit einem Etwas im Universum, von dem wir uns jetzt abgeschnitten fühlen, der Wunsch danach, hinter einer Tür zu sein, die wir bis jetzt nur von außen sehen, keine neurotische Wahnvorstellung, sondern der echteste Indikator unserer tatsächlichen Situation. Wenn wir schließlich hineingerufen werden, ist das Herrlichkeit und Ehre, die unsere Verdienste weit übersteigt, und gleichzeitig die Heilung dieses alten Schmerzes.

Damit komme ich zu einer weiteren Bedeutung des Wortes Herrlichkeit – Herrlichkeit als Glanz, Pracht und Klarheit. Wir werden wie die Sonne strahlen, wir werden den Morgenstern erhalten. Ich beginne langsam zu begreifen, was das bedeutet. In gewissem Sinne hat Gott uns den Morgenstern natürlich bereits gegeben; wir können uns an manchem schönen Morgen an diesem Geschenk erfreuen, wenn wir früh genug aufstehen. Was, mögen Sie fragen, wollen wir mehr? Oh, wir wollen so viel mehr – wir wollen etwas, was in den schöngeistigen Büchern kaum beachtet wird. Doch die Dichter und die Mythologien wissen alles darüber. Wir wollen die Schönheit nicht nur *sehen,* obwohl auch das – Gott weiß es – schon Belohnung genug wäre. Wir wollen etwas anderes, was sich kaum in Worte fassen läßt – wir wollen uns mit der Schönheit, die wir sehen, vereinigen, in sie eindringen, sie in uns aufnehmen, in ihr baden, Teil von ihr werden. Darum haben wir Erde, Luft und Wasser mit Göttern und Göttinnen, mit Nymphen und Elfen bevölkert, damit, wenn wir selbst es auch nicht können, wenigstens sie sich an der Schönheit, Anmut und Kraft laben können, deren Abbild die Natur ist. Darum erzählen uns die Dichter solch schöne Lügen. Sie reden so, als ob der Westwind wirklich in die menschliche Seele hineinwehen könnte; doch er kann es nicht. Sie erzählen uns, daß «Schönheit, die aus leisem Raunen geboren wird», sich auf das menschliche Antlitz legen wird; doch sie tut es nicht. Zumindest noch nicht jetzt. Denn wenn wir die Bilder der Schrift ernst nehmen, wenn wir glauben, daß Gott uns eines Tages den Morgenstern *geben* wird und uns den Glanz der Sonne *anziehen* läßt, dann dürfen wir vermuten, daß sowohl die alten Mythen als auch die moderne Poesie, so unwahr sie als Geschichten sein mögen, der Wahrheit als Prophezeiung doch recht nahe kommen.

Gegenwärtig stehen wir noch außerhalb der wahren Welt, auf der falschen Seite der Tür. Wir verspüren die Frische und Reinheit des Morgens, doch wir selbst werden davon nicht frisch und rein. Wir können nicht mit dem Glanz um uns verschmelzen. Aber von allen Blättern des Neuen Testamentes raschelt es uns entgegen, daß es nicht immer so sein wird. Eines Tages werden wir, so Gott will, *hineingelangen*. Wenn der freiwillige Gehorsam der menschlichen Seele genauso vollkommen sein wird, wie der lebenslange Gehorsam der leblosen Schöpfung es ist, dann wird sie mit ihrer Herrlichkeit bekleidet werden, oder vielmehr mit noch größerer Herrlichkeit, als die Natur jetzt anzudeuten vermag. Denn glauben Sie bitte nicht, ich wolle die heidnische Vorstellung nähren, wir würden von der Natur aufgesogen. Die Natur ist vergänglich; wir werden sie überleben. Auch wenn alle Sonnen und Nebel vergangen sind, wird jeder von uns noch am Leben sein. Die Natur ist nur ein Bild, ein Symbol; doch sie ist das Symbol, das die Schrift uns zur Verfügung stellt. Wir sind aufgerufen, durch die Natur hindurch und über sie hinaus in den Glanz einzutreten, den sie in so vollkommener Weise widerspiegelt.

Dort, jenseits der Natur, werden wir dann vom Baum des Lebens essen. Im Moment lebt, wenn wir in Christus wiedergeboren sind, der Geist in uns direkt von Gott; doch unser Denken und mehr noch unser Leib empfangen das Leben über tausend Umwege – über unsere Vorfahren, über die Nahrung, über die Elemente. Die schwachen, weit entfernten Auswirkungen jener Energien, die Gottes Schöpfungsakt der Materie einpflanzte, als er die Welten erschuf, sind das, was wir heute physische Freuden nennen; und selbst solchermaßen gefiltert sind sie noch zu stark für uns. Wie würde es sein, könnten wir am Urquell jenes Stromes kosten, dessen entfernteste Ausläufer bereits so berauschend sind? Genau das aber liegt vor uns. Der ganze Mensch soll Freude aus dem Freuden-quell trinken. Augustin sagte, daß die Wonne der geretteten Seele in den verherrlichten Körper «überströmen» wird. Im Lichte unseres heutigen spezialisierten und verdorbenen Appetits können wir uns diesen *torrens voluptatis*[a] noch nicht vorstellen, und ich warne jeden dringend davor, es zu versuchen. Doch ich mußte darauf eingehen, um noch irreführen-dere Vorstellungen abzuwehren – Vorstellungen, daß nur eine Art Geist gerettet würde oder daß die auferstandenen Leiber in stumpfer Gefühllosigkeit dahinleben werden. Unsere Leiber wurden für den Herrn geschaffen, darum sind solche düsteren Phantasien völlig fehl am Platze.

Doch bis dahin kommt für uns noch immer das Kreuz vor der Krone, und morgen ist Montag. In den unbarmherzigen Mauern der Welt hat sich nur ein Spalt aufgetan, und wir sind aufgefordert, unserem großen Kapitän hindurchzufolgen. Die Nachfolge ist natürlich das Wesentliche. Weil dem so ist, könnte nun jemand die berechtigte Frage aufwerfen, welcher praktische Nutzen aus meinen Spekulationen zu ziehen sei. Ich möchte zumindest einen erwähnen. Es wäre möglich, daß wir alle nach diesen Ausführungen zu viel an unsere eigene mögliche Herrlichkeit denken; es ist sicher kaum möglich, daß wir zu oft oder zu intensiv an die unseres Nächsten denken. Die Last, das Gewicht oder die Bürde der Herrlichkeit meines Nächsten sollte sich täglich auf meinen Rücken legen, eine Last, so schwer, daß nur Demut sie tragen kann und der Nacken des Stolzen darunter bricht.

Es ist eine ernste Angelegenheit, in einer Welt von mögli-chen Göttern und Göttinnen zu leben und sich ständig vor Augen zu halten, daß auch der langweiligste und uninteres-santeste Mensch, mit dem wir hier zu tun haben, eines Tages ein Geschöpf sein kann, das wir, wenn wir es jetzt schon wüßten, ernsthaft versucht wären zu verehren, oder aber ein Schrecken und Verderben, wie er uns jetzt höchstens in einem Alptraum begegnet. Jeden Tag verhelfen wir einander in gewisser Weise gegenseitig zu der einen oder anderen Bestim-

a) Strom der Freude.

mung. Im Licht dieser überwältigenden Möglichkeiten, mit der ihnen gebührenden Ehrfurcht und Umsicht, sollten wir unsere Kontakte miteinander, unsere Freundschaften, unser Lieben, unser Spiel und unsere Politik pflegen. Es gibt keine *gewöhnlichen* Menschen. Wir haben nie mit bloßen Sterblichen gesprochen. Nationen, Kulturen, Künste und Zivilisationen sind sterblich – ihr Leben ist gegenüber dem unseren wie das Leben einer Mücke. Aber es sind Unsterbliche, mit denen wir scherzen, arbeiten, verheiratet sind, die wir kurz abfertigen und ausbeuten – unsterbliche Schrecken oder ewigwährender Glanz.

Das heißt nicht, daß wir ständig ernst und feierlich sein müßten. Wir müssen spielen. Aber unsere Fröhlichkeit sollte von der Art sein (und das ist tatsächlich die fröhlichste Art), wie sie zwischen Menschen besteht, die sich von Anfang an gegenseitig ernst genommen haben – ohne Leichtfertigkeit, ohne Überheblichkeit, ohne Anmaßung. Auch unsere Nächstenliebe muß wirklich opferbereite Liebe sein, mit einem tiefen Empfinden für die Sünde, derenungeachtet wir den Sünder lieben – keine bloße Toleranz oder Nachsicht, die nur eine Parodie der Liebe wäre, wie die Leichtfertigkeit eine Parodie echter Fröhlichkeit ist. Neben dem Heiligen Sakrament ist unser Nächster das Heiligste, was sich uns in den Weg stellt. Wenn er ein Christ ist, so ist er fast in gleicher Weise heilig, denn in ihm verbirgt sich der Christus *vere latitat*[a] – der Verherrlichende und der Verherrlichte, die Herrlichkeit selbst.

_____

a) Tatsächlich hält er sich versteckt.

Gute Arbeit
oder gute Werke?

Der Ausdruck «gute Werke» in der Pluralform ist in der modernen Christenheit weitaus geläufiger als «gute Arbeit». Gute Werke, das sind vor allem das Spendengeben oder das «Helfen» in der Gemeinde. Sie unterscheiden sich wesentlich von jemandes Arbeit. Gute Werke müssen aber nicht notwendigerweise auch gute Arbeit sein, wie jedermann leicht feststellen kann, wenn er sich zum Beispiel ansieht, was für den Verkauf auf einem Wohltätigkeitsbazar gebastelt wird. Das entspricht jedoch nicht unserem Vorbild. Als unser Herr einer armen Hochzeitsgesellschaft eine Extrarunde Wein spendierte, tat er ein gutes Werk. Aber gleichzeitig leistete er auch gute Arbeit; der Wein war wirklich exzellent. Genausowenig entspricht es dem göttlichen Gebot, wenn wir bei unserer «Arbeit» nicht mehr auf Güte achten. Der Apostel sagt, wir sollen nicht nur arbeiten, sondern arbeiten, um «Gutes» zu schaffen.

Der Begriff der «guten Arbeit» ist uns zwar nicht ganz verlorengegangen, doch ist er, fürchte ich, auch kein besonderes Kennzeichen der Gläubigen. Ich habe ihn ebenso bei Schreinern wie auch bei Schustern oder Seeleuten gefunden. Es ist völlig zwecklos, einem Seemann mit einem Schiff imponieren zu wollen, nur weil es das größte und prächtigste aller Weltmeere ist. Er schaut nach den «Linien», denn sie sagen ihm, wie es sich bei starkem Seegang bewähren wird. Auch Künstler sprechen von «guter Arbeit»; aber immer seltener. Sie bevorzugen immer häufiger Worte wie «bedeutend», «wichtig», «modern» oder «gewagt». Das ist meiner Meinung nach kein gutes Zeichen.

Doch die breite Masse ist in allen Industriegesellschaften

zum Opfer einer Entwicklung geworden, die den Begriff der guten Arbeit fast vollständig ausklammert. «Eingebauter Verschleiß» ist zu einer wirtschaftlichen Notwendigkeit geworden. Solange ein Artikel nicht so konzipiert ist, daß er nach einem, höchstens zwei Jahren in Stücke fällt und ersetzt werden muß, macht man keinen genügenden Umsatz. Noch vor hundert Jahren ließ sich ein Mann, wenn er heiratete (und reich genug war) eine Kutsche bauen, mit der er für den Rest seines Lebens fahren wollte. Heute kauft er ein Auto, das er in zwei Jahren weiterverkauft. Arbeit *darf* heutzutage *nicht* gut sein.

Reißverschlüsse haben für ihren Träger gegenüber Knöpfen einen wesentlichen Vorteil; solange sie halten, spart er eine unendlich kleine Menge an Zeit und Mühe. Für den Hersteller ist ihr Verdienst ungleich handfester; sie bleiben nicht lange funktionsfähig. Schlechte Arbeit ist hier geradezu *erwünscht*.

Wir sollten uns davor hüten, diese Entwicklung von einem oberflächlich moralischen Standpunkt aus zu betrachten. Sie ist nicht nur das Ergebnis von Erb- oder heutiger Sünde; nein, sie hat uns eher unbemerkt und ungewollt überkommen. Unser entartetes Gewinndenken ist sowohl ihr Ergebnis wie auch ihre Ursache; und sie kann meiner Meinung nach auch nicht durch rein moralische Anstrengungen überwunden werden.

Ursprünglich wurden Dinge für den Gebrauch hergestellt oder zur Zierde oder (öfter noch) für beide Zwecke. Der primitive Jäger fertigt sich seine Waffe aus Feuerstein oder Knochen; er macht sie so gut er kann, denn wenn sie stumpf oder zerbrechlich ist, wird er kein Tier erlegen und damit nichts zu Essen haben. Seine Frau macht einen Tontopf, um damit Wasser zu schöpfen; auch sie macht ihn so gut sie kann, denn sie will ihn selbst benutzen. Und früher oder später kommen sie auch darauf, diese Gegenstände zu verzieren; sie möchten (wie Dogberry[32]) «alles um sich herum schön haben». Und wir können sicher sein, daß sie bei der Arbeit singen oder pfeifen oder zumindest vor sich hin summen. Vielleicht erzählen sie sich auch Geschichten.

In diese Situation muß, unauffällig und zunächst ebenso unschuldig wie die Schlange im Garten Eden, früher oder später eine Änderung kommen. Nun stellt nicht mehr jede Familie alles selbst her, was sie braucht. Es gibt Spezialisten: ein Töpfer macht die Töpfe für das ganze Dorf; der Schmied schmiedet die Waffen für alle; ein Barde (Poet und Musiker in einer Person) singt und erzählt seine Geschichten für alle. Dabei ist es nicht ohne Bedeutung, daß bei Homer der Schmied der Götter lahm und der Poet bei den Menschen blind ist. Damit mag es angefangen haben. Die Gebrechlichen, die nicht zum Jäger oder Krieger taugten, wurden ausgesondert, um die anderen mit beidem, dem Notwendigen und dem Unterhaltsamen, zu versorgen.

Das Wesentliche dieser Veränderung besteht darin, daß wir nun Menschen haben, die die Gegenstände (Töpfe, Schwerter, Lieder) nicht mehr für ihren eigenen Gebrauch oder zu ihrer eigenen Freude herstellen, sondern zur Freude und für den Gebrauch anderer. Dafür müssen sie natürlich auf die eine oder andere Weise belohnt werden. Diese Veränderung ist notwendig, sollen Gesellschaft und Kunst nicht in einem weniger paradiesischen als eher kraftlosen, stümperhaften und reizlosen Zustand der Primitivität verharren.

Dabei garantieren zwei Dinge dafür, daß die Entwicklung in gesunden Bahnen verläuft. Zum einen werden diese Spezialisten ihre Arbeit so gut ausführen, wie sie können. Sie stehen direkt den Menschen gegenüber, die die von ihnen gefertigten Gegenstände benutzen. Alle Frauen aus dem Dorf werden dich fertigmachen, wenn du schlechte Töpfe hinpfuschst. Man wird dich niederschreien, wenn du ein albernes Lied singst. Wenn du schlechte Schwerter machst, werden, wenn du Glück hast, die Krieger heimkehren und dich verprügeln; wenn du Pech hast, kommen sie überhaupt nicht zurück, weil der Feind sie getötet hat, dein Dorf wird niedergebrannt, und du selbst wirst als Sklave weggeführt oder bekommst eins über den Schädel. Zum andern werden die Spezialisten an ihrer Arbeit Freude haben, weil sie sich die größte Mühe geben, etwas zu tun, was wirklich sinnvoll ist. Wir wollen nicht idealisieren. Sicher ist ihre Arbeit nicht immer pures Vergnügen. Der

Schmied ist vielleicht überarbeitet. Der Barde mag frustriert sein, wenn das ganze Dorf immer wieder darauf besteht, sein letztes Lied zu hören (oder ein anderes im selben Stil), während er doch gern Gehör für seine wunderschöne neue Komposition finden möchte. Doch im großen und ganzen haben die Spezialisten ein menschenwürdiges Leben; sie werden gebraucht, sie werden geachtet, und sie können sich an ihrer Handfertigkeit beziehungsweise Leistung freuen.

Mir fehlt der Platz und natürlich auch das Wissen, um die gesamte Entwicklung von diesem eben geschilderten Zustand bis in unsere Tage aufzuzeigen. Aber ich denke, wir können uns jetzt vom Wesen dieser Veränderung lösen und einen Schritt weitergehen. Auch wenn wir davon ausgehen, daß wir den Urzustand, in dem jeder selbst herstellte, was er brauchte, verlassen haben und nun in einer Situation leben, in der viele für andere arbeiten (und dafür bezahlt werden), können wir noch zwei Arten von Arbeit unterscheiden. Von der einen kann der Mensch ehrlich sagen: «Ich tue eine Arbeit, die sinnvoll ist. Sie wäre auch dann noch sinnvoll, wenn ich nicht dafür bezahlt würde. Da ich aber keine eigenen Mittel habe und Essen, Wohnung und Kleidung brauche, muß ich dafür bezahlt werden.» Bei der anderen arbeiten die Menschen einzig und allein, um Geld zu verdienen; die Arbeit ist nicht nötig, brauchte nicht getan zu werden und würde auch von niemandem auf der ganzen Welt getan, wenn sie nicht bezahlt würde.

Wir können Gott danken, daß es noch immer genug Arbeit in der ersten Kategorie gibt. Der Landwirt, der Polizist, der Arzt, der Künstler, der Lehrer, der Pfarrer und viele andere tun etwas, was in sich selbst sinnvoll ist; was viele Menschen auch ohne Bezahlung tun würden und tun; was jede Familie auf laienhafte Art versuchen würde, würde sie unter primitiven Bedingungen isoliert leben. Natürlich müssen diese Arbeiten nicht unbedingt angenehm sein. Der Dienst in einer Leprasiedlung könnte dazu gehören.

Das andere Extrem soll an zwei Beispielen verdeutlicht werden. Ich will sie nicht unbedingt auf die gleiche moralische Stufe stellen, aber nach unserer Definition gehören sie in dieselbe Kategorie. Das eine ist die Arbeit der professionellen Prostituierten. Der besondere Abscheu vor ihrer Arbeit – falls Sie meinen, wir sollten dies nicht Arbeit nennen, denken Sie noch einmal nach –, der Grund, warum sie so viel schrecklicher ist als anderer außerehelicher Geschlechtsverkehr, ist darin zu suchen, daß wir hier ein extremes Beispiel für eine Tätigkeit haben, deren einziger Zweck das Geldverdienen ist. Man kann in dieser Richtung nicht weiter gehen als zu einem Geschlechtsverkehr, der nicht nur außerhalb der Ehe, nicht nur ohne Liebe vollzogen wird, sondern sogar ohne Lust.

Mein anderes Beispiel sieht folgendermaßen aus: Ich komme oft an einer Reklamewand mit einem Anschlag vorbei, der Tausende von Blicken anzieht und dazu aufruft, Ihre Firma solle diese Fläche mieten, um für ihre Waren zu werben. Bedenken Sie einmal, wie meilenweit wir hier davon entfernt sind, «zu tun, was gut ist». Ein Zimmermann fertigte die Reklamewand an; das hatte, an sich, keinen Sinn. Drucker und Papierhersteller waren damit beschäftigt, den Anschlag herzustellen – auch das sinnlos, solange niemand die Fläche mietete – sinnlos auch für den Mieter, solange er nicht eine andere Anzeige anklebt, die wiederum sinnlos ist, solange sie niemanden überzeugt, seine Waren zu kaufen; diese Waren ihrerseits können häßlich, nutzlos oder verderblicher Luxus sein, den kein Sterblicher kaufen würde, hätte nicht die Anzeige durch ihre aufreizende oder großtuerische Aufmachung in ihm ein künstliches Verlangen danach geweckt. In jedem einzelnen hier durchlaufenen Stadium wurde eine Arbeit getan, deren einzige Bedeutung darin besteht, daß durch sie Geld hereinkommt.

Dies scheint das unausweichliche Schicksal einer Gesellschaft zu sein, die überwiegend vom Kaufen und Verkaufen lebt. In einer vernünftigen Welt würde man Dinge herstellen, weil sie gebraucht werden; in der wirklichen Welt müssen Bedürnisse geschaffen werden, damit Menschen für das, was sie herstellen, bezahlt werden können. Aus diesem Grund sollten wir das Mißtrauen und den Argwohn, den frühere Gesellschaften gegenüber dem Handel empfanden, nicht vorschnell als bloßen Dünkel abtun. Je wichtiger der Handel ist, desto mehr sind die Menschen zu der zweiten Art von Arbeit verurteilt und – schlimmer noch – müssen lernen, sie zu schätzen. Arbeit, die, ungeachtet einer Bezahlung, sinnvoll ist, befriedigende Arbeit und gute Arbeit werden so zum Privileg einer begünstigten Minderheit. Der Konkurrenzkampf um den Kunden beherrscht die internationale Szene.

Ich kann mich noch daran erinnern, wie vor einigen Jahren in England (ganz wie es sich gehört) Geld gesammelt wurde, um für ein paar Männer, die ihre Arbeit verloren hatten, Hemden zu kaufen. Die Männer hatten in einer Hemdenfabrik gearbeitet!

Es ist unschwer vorherzusehen, daß ein solcher Zustand nicht von Dauer sein kann. Er wird vermutlich an seinen eigenen Widersprüchen zugrundegehen, doch wird er dabei erhebliches Leid über die Menschen bringen. Wir werden ihn nur dann schmerzlos beenden können, wenn wir einen Weg finden, ihn freiwillig aufzugeben, wofür ich natürlich keine Pläne habe. Aber selbst wenn ich sie hätte, würde keiner unserer Herren – der Großen, die hinter Regierung und Industrie stehen – Notiz davon nehmen. Den einzigen Hoffnungsschimmer sehe ich im Moment im Wettlauf zwischen Amerika und Rußland auf dem Gebiet der Raumforschung. Da wir uns in einen Zustand hineinmanövriert haben, in dem es nicht mehr darauf ankommt, die Menschen mit dem zu versorgen, was sie brauchen oder mögen, sondern lediglich darauf, daß sie Arbeit haben (egal welche), gibt es für die Großmächte kaum eine bessere Beschäftigung als die, kostspielige Gegenstände herzustellen, die man anschließend über Bord schleudert. Dadurch werden das Geld im Umlauf und Fabriken in Betrieb gehalten; und dem Weltraum schadet es kaum – oder wenigstens nicht lange. Doch der Trost ist einseitig und vergänglich. Für die meisten von uns besteht die Hauptaufgabe nicht darin, die Großen zu beraten, wie sie diesen fatalen Zustand beenden können – wir wissen ja auch keinen Rat, und sie würden sowieso nicht auf uns hören –, sondern zu überlegen, wie wir, möglichst unversehrt und ohne zuviel von unserer Würde einzubüßen, darin leben können.

Es ist bereits viel wert, wenn wir erkennen, *daß* dieser

Zustand fatal und unsinnig ist. So wie der Christ gegenüber den anderen Menschen nicht dadurch im Vorteil ist, weil er weniger gefallen oder weniger dazu verdammt wäre, in einer gefallenen Welt zu leben, als sie, sondern weil er weiß, *daß* er ein gefallener Mensch in einer gefallenen Welt *ist,* so sollten auch wir uns in jedem Augenblick darauf besinnen, was gute Arbeit einmal war und wie unmöglich sie für die große Mehrheit heute geworden ist. Es ist möglich, daß wir uns, um unseren Lebensunterhalt zu verdienen, an der Produktion von Dingen miserabler Qualität beteiligen müssen, die, selbst wenn sie von guter Qualität wären, nicht gebraucht würden – weil die Nachfrage nach ihnen, ihr «Markt», durch die Werbung künstlich geschaffen wurde. An den Wassern zu Babylon – oder am Fließband – sollten wir in unserem Innern sagen: «Vergäße ich dein, Jerusalem, so werde meiner Rechten vergessen.» (Es wird.)

Natürlich sollten wir unsere Augen für jeden Fluchtweg offenhalten. Wenn wir je die Möglichkeit der Wahl haben (gibt es unter tausend Menschen überhaupt einen, der sie hat?), sollten wir uns wie die Wölfe auf die vernünftigen Berufe stürzen und wie die Kletten an ihnen kleben. Wir sollten, wenn wir die Gelegenheit haben, unseren Lebensunterhalt damit verdienen, daß wir etwas gut tun, was auch dann sinnvoll wäre, wenn wir nicht davon leben müßten. Unsere Habsucht muß dabei sicher beträchtlich zurückstecken. Normalerweise sind es die unsinnigen Berufe, die das meiste Geld bringen; sie strengen gewöhnlich auch am wenigsten an.

Doch darüber hinaus gilt es noch etwas anderes zu berücksichtigen: Wir müssen sehr darauf achten, daß unser Denken nicht von den gängigen Maßstäben infiziert wird. Eine solche Infektion hat meiner Meinung nach unsere Künstler weitgehend verdorben.

Noch bis vor kurzem – bis in die zweite Hälfte des vergangenen Jahrhunderts – galt es als selbstverständlich, daß der Künstler mit seiner Arbeit sein Publikum erfreuen und belehren sollte. Es gab natürlich verschiedene Arten von Publikum; ein Gassenhauer richtete sich an ein anderes Publikum als ein Oratorium (obwohl ich glaube, daß nicht wenige Menschen beides mochten). Ein Künstler konnte sein Publikum auch dazu bringen, etwas Besseres zu mögen, als es eigentlich wollte; er konnte das aber nur, indem er – wenn auch nicht ausschließlich – unterhaltend und verständlich war. Das hat sich aber total geändert. Heute hört man auch in den höchsten schöngeistigen Kreisen kein Wort mehr von der Verpflichtung des Künstlers uns gegenüber. Es geht nur noch um unsere Verpflichtung ihm gegenüber. Er schuldet uns nichts; wir schulden ihm «Anerkennung», obwohl er unserem Geschmack, unserem Interesse oder unseren Gewohnheiten nicht die geringste Aufmerksamkeit zollt. Wenn wir sie ihm nicht geben, sind wir nur Dreck. In diesem Laden ist der Kunde kein König.

Diese Veränderung ist allerdings nur Teil unserer veränderten Einstellung gegenüber jeglicher Art von Arbeit. So wie die «Arbeitsbeschaffung» wichtiger wird als die Herstellung von Dingen, die der Mensch braucht oder mag, tendiert man auch zu der Ansicht, jeder Handel werde nur um der Menschen willen betrieben, die ihn ausüben. Der Schmied arbeitet nicht mehr, damit die Krieger kämpfen können; die Krieger kämpfen und leben, damit der Schmied Arbeit hat. Der Barde lebt nicht, um den Stamm zu erfreuen; der Stamm lebt, um den Barden zu würdigen.

In der Industrie stehen hinter dieser veränderten Einstellung sowohl lobenserte wie auch unsinnige Motive. Natürlich ist es ein Fortschritt in unserem Verhältnis zum Nächsten, wenn wir nicht mehr von «Bevölkerungsüberschuß», sondern von «Arbeitslosigkeit» sprechen. Gefährlich wird es, wenn wir dabei vergessen, daß die Arbeit kein Zweck an sich ist. Wir wollen die Menschen nur beschäftigen, damit sie sich ernähren können, und glauben (wer weiß, ob zu Recht oder nicht?), daß es besser sei, sie für schlechte Arbeit als für Nichtstun zu bezahlen.

Aber wenn wir auch die Pflicht haben, die Hungrigen zu ernähren, möchte ich bezweifeln, daß wir den Ehrgeizigen «würdigen» müssen. Diese Einstellung zur Kunst ist jeder guten Arbeit abträglich. Viele moderne Romane, Gedichte und Kunstwerke, die wir verschüchtert «würdigen», sind keine gute Arbeit, weil sie überhaupt keine *Arbeit* sind. Sie sind bloß Pfützen übergelaufener Gefühle oder Gedanken. Wenn ein Künstler im wahrsten Sinne des Wortes arbeitet, dann wird er selbstverständlich den Geschmack, die Interessen und die Auffassungsgabe seines Publikums berücksichtigen. Sie sind, ebenso wie Sprache, Marmor oder Farbe, Teil seines Rohmaterials, das er gebrauchen, bändigen, veredeln soll, nicht aber ignorieren oder sich darüber hinwegsetzen. Arrogante Gleichgültigkeit zeugt weder von Genie noch von gutem Charakter, dafür von Faulheit und Unfähigkeit. Er hat seine Lektion nicht gelernt. Darum finden wir echte, rechtschaffene Arbeit, was die Kunst anbetrifft, heute vor allem im anspruchslosen Genre: im Film, in der Detektivgeschichte, in der Kindergeschichte. Hier haben wir noch gesunde Strukturen; abgelagertes Holz, akurate Verzahnungen, genau plazierte Akzente; Geschick und Arbeit wurden mit Erfolg zweckgebunden eingesetzt. Mißverstehen Sie mich bitte nicht. Die anspruchsvollen Produktionen können natürlich von feineren Gefühlen und tieferen Gedanken zeugen. Aber eine Pfütze ist keine Arbeit, egal, welche guten Weine, Öle oder Arzneien hineingegossen wurden.

«Großen Werken» (der Kunst) und «guten Werken» (der Nächstenliebe) stünde es besser an, wenn sie auch gute Arbeit wären. Ein Chor sollte entweder gut singen oder das Singen lassen. Andernfalls bestätigen wir nur die Mehrheit in ihrer Überzeugung, daß die Welt des Business, die mit solchem Einsatz so vieles herstellt, was nie hergestellt werden müßte, die richtige, die erwachsene und die beste Welt sei; während all diese «Kultur» und «Religion» (was für scheußliche Worte) im wesentlichen unwichtige, dilettantische und eher weibische Betätigungsfelder seien.

Ein Versprecher

Wenn ein Laie eine Predigt halten soll, ist es sicher am sinnvollsten und auch am interessantesten, wenn er genau da ansetzt, wo er sich selbst gerade befindet; wenn er sich nicht anmaßt zu belehren, sondern von seinen Erfahrungen berichtet.

Als ich vor nicht allzu langer Zeit in meiner persönlichen Andacht das Kirchengebet für den vierten Sonntag nach Trinitatis betete, stellte ich plötzlich fest, daß ich mich versprochen hatte. Ich hatte darum beten wollen, ich möge die zeitlichen Dinge so durchleben, daß ich darüber nicht die ewigen verliere. Statt dessen hatte ich, wie ich feststellte, gebetet, ich möge die ewigen Dinge so durchleben, daß ich darüber nicht die zeitlichen verliere. Natürlich glaube ich nicht, daß solch ein Versprecher eine Sünde ist. Auch bin ich nicht ein so strenger Anhänger Freuds, zu glauben, alle Versprecher hätten ausnahmslos eine tiefere Bedeutung. Aber einige haben ganz sicher eine Bedeutung, und dieser gehörte zweifellos zur letzteren Kategorie. Ich glaube, daß das, was mir hier unbeabsichtigt entschlüpft war, annähernd zum Ausdruck brachte, was ich wirklich wünschte.

Allerdings nur annähernd, nicht hundertprozentig. Ich war nie so dumm, anzunehmen, daß man die Ewigkeit «durchleben» kann. Was ich durchleben wollte, ohne meine zeitlichen Angelegenheiten dadurch zu beeinträchtigen, waren jene Stunden oder Augenblicke, in denen ich auf das Ewige hörte, mich ihm auslieferte.

Ich meine etwa das Folgende: Ich bete, lese ein Andachtsbuch, empfange den Zuspruch der Vergebung oder das Abendmahl. Aber während ich dies tue, meldet sich in mir gewissermaßen eine Stimme zu Wort, die mich zur Vorsicht mahnt. Sie sagt mir, ich solle aufpassen, kühlen Kopf bewahren, nicht zu weit gehen, nicht alle Brücken hinter mir abbrechen. Ich suche die Gegenwart Gottes, aber gleichzeitig fürchte ich, es könne mir in seiner Gegenwart etwas widerfahren, was sich hinterher im «normalen» Leben als unerträglich lästig herausstellen könnte. Ich möchte mich nicht zu irgendwelchen Entscheidungen hinreißen lassen, die ich nachher bereue; denn ich weiß genau, daß ich schon nach dem Frühstück anders denken werde. Darum möchte ich mich am Altar auf nichts einlassen, für das ich später teuer bezahlen müßte. Es wäre doch zum Beispiel äußerst unangenehm, wenn ich mich (am Altar) so ernsthaft zur Nächstenliebe verpflichtete, daß ich nach dem Frühstück die wirklich vernichtende Antwort, die ich gestern an einen unverschämten Nachbarn oder Geschäftspartner aufgesetzt hatte und heute abschicken wollte, wieder zerreißen müßte. Es wäre auch sehr mühsam, mich einem Programm der Mäßigung zu unterwerfen, das mir die Zigarette nach dem Frühstück verbieten würde (oder mich, noch schlimmer, vor die grausame Alternative stellte, sie erst am späten Vormittag zu rauchen). Selbst die Reue über vergangene Taten muß bezahlt werden. Bereut man sie nämlich, so gibt man zu, daß sie Sünde waren – und folglich nicht wiederholt werden sollten. Lassen wir dieses Problem also lieber offen.

Das Grundprinzip all dieser Vorsichtsmaßnahmen ist das gleiche: Ich will die zeitlichen Dinge bewahren. Dabei gibt es genügend Beweise dafür, daß ich mit dieser Versuchung nicht allein stehe. Ein guter Autor (dessen Namen ich leider vergessen habe) fragte einmal: «Haben wir uns niemals eilig von den Knien erhoben aus Furcht, Gott würde uns, wenn wir noch länger beteten, seinen Willen zu unmißverständlich klarmachen?» Die folgende Geschichte soll sich tatsächlich zugetragen haben: Eine irische Frau, die gerade von der Beichte kam, traf auf der Kirchenschwelle mit ihrer größten Feindin im Dorf zusammen. Diese andere Frau ließ sogleich eine wahre Schimpfkanonade über sie nieder. «Daß du dich nicht schämst, in diesem Ton mit mir zu reden, du Feigling», antwortete Biddy, «wo ich gerade im Zustand der Gnade bin und dir nicht antworten kann. Aber warte nur. Der Zustand wird nicht lange anhalten.»

Ein ausgezeichnetes tragikomisches Beispiel finden wir auch in Trollopes[33] Buch *Last Chronicle*. Der Archidiakon hatte Streit mit seinem ältesten Sohn. Sofort traf er eine Reihe rechtlicher Anordnungen zum Nachteil des Sohnes. Sie hätten alle ebensogut ein paar Tage später getroffen werden können, doch Trollope erklärt, warum er nicht warten konnte: Vor dem nächsten Tag waren noch die Abendgebete zu verrichten, und der Archidiakon wußte genau, daß er seine feindseligen Absichten nicht unbeschadet über den Satz «Und vergib uns unsere Schuld, wie auch wir vergeben» würde hinüberretten können. Darum erledigte er sie vorher; er beschloß, Gott vor vollendete Tatsachen zu stellen. Dies ist ein extremes Beispiel für die Vorsichtsmaßnahmen, von denen ich spreche; der Mensch riskiert es nicht, sich in die Reichweite des Ewigen zu begeben, bevor er nicht seine zeitlichen Dinge abgesichert hat.

Das ist die ständig wiederkehrende Versuchung. Ich gehe hinunter an das Wasser (ich glaube, es war der Heilige Johannes vom Kreuz, der Gott ein Meer nannte), doch statt zu tauchen oder zu schwimmen oder mich treiben zu lassen, plansche und spritze ich herum, ängstlich darauf bedacht, mich nicht ins Tiefe zu begeben, und halte mich an dem Rettungsseil fest, das mich mit meinen zeitlichen Dingen verbindet.

Diese Versuchung ist anders als jene, die am Anfang unseres Lebens als Christen standen. Damals kämpften wir dagegen an (ich wenigstens tat es), den Anspruch des Ewigen überhaupt anzuerkennen. Nach unserem Kampf, als wir geschlagen waren und uns ergeben hatten, dachten wir, jetzt sei alles nur noch ein Kinderspiel. Diese Versuchung kommt erst später. Sie richtet sich an solche, die den Anspruch des Ewigen bereits grundsätzlich anerkannt haben und sich sogar bemühen, ihm gerecht zu werden. Unsere Versuchung besteht nun darin, daß wir uns eifrig bemühen, nur eben das Mindestmaß dessen zu tun, was von uns erwartet wird. Wir verhalten uns wie zwar ehrliche, aber widerwillige Steuerzahler. Grundsätzlich bejahen wir die Erhebung einer Einkommenssteuer. Wir bezahlen korrekt unsere Beiträge. Aber wir fürchten uns vor Steuererhöhungen und passen genau auf, daß wir nicht mehr zahlen als nötig. Dabei hoffen wir – wir hoffen verzweifelt –, daß uns, nachdem wir gezahlt haben, noch genug zum Leben bleibt.

Achten Sie bitte darauf, daß alle Mahnungen zur Vorsicht, die der Versucher uns ins Ohr flüstert, sehr vernünftig klingen. Ich glaube nicht, daß er es (abgesehen von unserer frühen Jugend) oft versucht, uns mit einer direkten Lüge zu betrügen. Seine Mahnungen leuchten ein. Denn es wäre ja tatsächlich möglich, daß wir uns von religiösen Gefühlen – *Enthusiasmus* sagten unsere Vorfahren – zu Entscheidungen und Ansichten hinreißen lassen, die wir später, nicht wenn wir weltlicher, aber wenn wir weiser geworden sind, bereuen müssen, und zwar nicht unbedingt, weil sie Sünde wären, sondern aus rein verstandesmäßigen Erwägungen. Wir könnten übervorsichtig oder fanatisch werden, wir könnten vor lauter Eifer, der aber in Wirklichkeit nur Anmaßung wäre, Aufgaben übernehmen, die uns nie zugedacht waren. Das ist das Körnchen Wahrheit an der Versuchung. Die Lüge besteht in der Schlußfolgerung, daß wir uns am besten davor schützen könnten, indem wir mit aller Umsicht die Sicherheit unserer Brieftasche, unserer persönlichen Schwächen und unseres Ehrgeizes im Auge behalten. Doch genau das ist verkehrt. Unser wirklicher Schutz ist anderswo zu suchen: in einem Leben nach den christlichen Grundsätzen, in der Moraltheologie, im stetigen Gebrauch unserer Vernunft, im Rat guter Freunde und guter Bücher und (wenn nötig) eines erfahrenen Seelsorgers. Schwimmunterricht ist immer besser als ein Rettungsseil zum Ufer.

Denn dieses Rettungsseil ist in Wirklichkeit ein Todesstrick. Es gibt hier keine Parallele zu dem Steuerzahler, der seine Steuern zahlt und von dem lebt, was übrig bleibt, denn Gott verlangt nicht nach einem bestimmten Teil unserer Zeit oder unserer Aufmerksamkeit. Er will noch nicht einmal all unsere Zeit und all unsere Aufmerksamkeit – er will uns selbst. Für jeden von uns gelten die Worte des Täufers: «Er muß wachsen, ich aber muß abnehmen.» Er wird sich unendlich über unser wiederholtes Versagen erbarmen; ich kenne aber keine Verheißung, nach der er einen ausgewogenen Kompromiß anzunehmen bereit wäre. Denn auch er hat uns letzten Endes nichts anderes zu geben als sich selbst; das kann er aber nur insoweit, als unser Selbstbehauptungstrieb zurücksteckt und ihm in unserer Seele Raum macht.

Wir müssen uns darüber klarwerden, daß uns nichts «Eigenes» bleiben wird, wovon wir leben könnten, kein «normales» Leben. Damit will ich nicht sagen, daß wir alle zwangsläufig zu Asketen oder sogar Märtyrern berufen sind; das mag dahingestellt sein. Bei einigen (niemand weiß, bei wem) werden auch viel Muße und Beschäftigungen, die sie ohnehin mögen, zum Christenleben gehören; aber sie werden das aus Gottes Hand nehmen. Bei einem vollkommenen Christen werden diese Dinge ebenso Teil seiner «Religion», seines «Dienstes» sein wie die schwersten Pflichten, und seine Feste sind genauso von Christus geprägt wie sein Fasten. Was es nicht geben darf – höchstens in der Gestalt eines Feindes, den wir zwar nicht endgültig besiegen, dem wir aber doch täglich neu widerstehen –, ist die Vorstellung, daß es noch etwas gebe, was «uns gehört», einen Bereich, in dem wir «aus der Lehre» sind und auf den Gott keinen Anspruch hat.

Er verlangt alles von uns, weil er Liebe ist und segnen will. Er kann uns nicht segnen, solange wir ihm nicht gehören. Wenn wir versuchen, einen eigenen Bereich zurückzubehalten, schaffen wir uns damit eine Todeszone. Deshalb verlangt er, in Liebe – alles. Und er läßt nicht mit sich handeln.

Das ist, denke ich, der Kern all jener Aussprüche, die mich immer wieder erschrecken. Thomas More[34] sagte: «Wenn du mit Gott einen Vertrag darüber abschließt, wieviel du ihm dienen willst, wirst du feststellen, daß du beide Seiten selbst unterschrieben hast.» Und Law[35] sagte mit seiner grausam kalten Stimme: «Viele werden am letzten Tag abgewiesen werden, aber nicht, weil sie keine Zeit oder Mühe in ihre Errettung gesetzt hätten, sondern weil sie sich nicht genug Zeit und Mühe genommen haben», und in seiner späteren, reicheren Periode: «Wenn du dich nicht für das Reich Gottes entschieden hast, wird es letzten Endes gleichgültig sein, was du statt dessen gewählt hast.»

Das sind harte Worte. Wird es wirklich völlig gleichgültig sein, ob es Frauen oder Patriotismus, Kokain oder Kunst, Whisky oder ein Sitz im Kabinett, Geld oder die Wissenschaft waren? Ja, ganz sicher werden die Unterschiede keine große Rolle spielen. Wir haben das Ziel verfehlt, zu dem hin wir geschaffen wurden, und das einzige, was wahrhaft Sinn geben kann, verworfen. Welche Bedeutung hat es für einen Mann, der in der Wüste verdurstet, zu wissen, aus welchem Grund er den einzigen Brunnen verfehlte?

Es ist bemerkenswert, daß Himmel und Hölle an diesem Punkt dieselbe Sprache sprechen. Der Versucher sagt mir: «Sei vorsichtig. Denk daran, wieviel dich dieser gute Vorsatz, die Annahme dieser Gnade kosten wird.» Aber auch unser Herr rät uns, die Kosten zu überschlagen. Selbst in menschlichen Angelegenheiten wird großer Wert darauf gelegt, daß diejenigen, deren Aussagen kaum je übereinstimmen, sich einigen. Mehr noch hier. Es scheint ziemlich klar, daß ein Hinundherpendeln zwischen beiden wenig sinnvoll ist. Was der Himmel wünscht und die Hölle fürchtet, das, was wirklich wichtig ist, ist dieser eine Schritt – hinaus ins Tiefe, hinaus aus unserem eigenen Machtbereich.

Dennoch verzweifle ich nicht. An dieser Stelle werde ich sehr evangelisch, wie einige das nennen würden, auf jeden Fall sehr un-pelagianisch[36]. Ich glaube nicht, daß ich diesem Verlangen nach beschränkter Haftung, diesen verhängnisvollen Vorbehalten aus eigener Kraft ein für allemal Einhalt gebieten kann; das kann nur Gott. Und ich bin zuversichtlich, daß er es tun wird.

Deshalb meine ich trotzdem nicht, ich könne mich jetzt «zurücklehnen». Was Gott für uns tut, das tut er in uns. Sein Wirken in mir wird mir (nicht zu Unrecht) vorkommen wie meine eigenen täglich oder stündlich wiederkehrenden Willensanstrengungen; besonders am Morgen werde ich mich gegen diese Haltung zu wehren haben, die sich jede Nacht neu wie ein Netz über mich legt. Mein Versagen wird mir vergeben werden; verhängnisvoll wäre es, wollte ich darin einwilligen, einen Bezirk ganz für mich allein zurückzubehalten. Es wird uns diesseits des Todes sicher nie gelingen, den Angreifer von unserem Territorium zu vertreiben; doch wir müssen zur Résistance gehören, nicht zur Vichy-Regierung. Und damit müssen wir jeden Tag neu anfangen. Unser Morgengebet sollte das aus der *Nachfolge Christi*[37] sein; *Da hodie perfecte incipere*[a] – stärke du mich, daß ich heut einmal recht anfange; denn alles, was ich bisher getan habe, ist nichts.

---

a) Gib heute vollkommenes Anfangen.

Anmerkungen

1 *Erewhon,* Roman des englischen Schriftstellers Samuel Butler (1835 bis 1902); «Erewohn» ist die Umkehrung von «nowhere» – «nirgends».

2 *Christopher Anstey* (1724–1805), englischer Poet.

3 *Thomas Traherne* (1638–1674), englischer Dichter, anglikanischer Geistlicher; seine Dichtung (Centuries of Meditations) wurde erst im 20. Jahrhundert entdeckt.

4 Aus *Krieg und Frieden,* Teil III, Kapitel 9.

5 *Egotismus,* philosophisch begründete Form des Egoismus, die das Glück der Menschheit dadurch herbeizuführen trachtet, daß der einzelne (einer Elite) auf ein Höchstmaß persönlichen diesseitigen Glücks hinarbeitet.

6 *Orlando Furioso* (italienisch, «Rasender Roland»), Epos von Ludovico Ariosto (1474–1533), das dank seines glanzvollen, schier unerschöpflichen Reichtums in der Darstellung zu den Meisterwerken der Renaissancepoesie zählt.

7 *John Keats* (1795–1821), bedeutender Lyriker der englischen Hochromantik; *Hyperion* ist eine seiner Verserzählungen.

8 *Arthur James Balfour* (1848–1930), britischer Staatsmann, Urheber der Balfour-Declaration über die Errichtung eines «nationalen Heims» der Juden in Palästina; als philosophischer Schriftsteller verteidigte Balfour die christliche Weltanschauung.

9 *I.A. Richards, Principles of Literary Criticism,* Kapitel 9.

10 Zitiert in *Science and the B.B.C., Nineteenth Century,* April 1943.

11 *Solipsismus* (aus dem lateinischen «solus ipse» = «allein selbst»), die Lehre, daß nichts als die eigenen Bewußtseinsinhalte wirklich seien.

12 *Capaneus,* Held der griechischen Mythologie.

13 *Publius Papinius Statius* (45–96 n. Chr.), römischer Dichter, dessen Epen im Mittelalter hochgeschätzt wurden.

14 *Euhemerus* (um 300 v. Chr.), griechischer Philosoph; lehrte, daß die griechischen Volksgötter Menschen der Vorzeit gewesen seien.

15 *Edward B. Tylor* (1832–1871), englischer Anthropologe.

16 *James George Frazer* (1854–1941), schottischer Anthropologe; schrieb umfangreiche Werke über Volksglauben und gesellschaftliche Gliederung bei Natur- und Kulturvölkern.

17 *Evidenz* (lateinisch = «Augenfälligkeit»); in der Philosophie: die innere Gewißheit der Gültigkeit einer Erkenntnis.

18 Matthäus 24,24.

19 *Wilhelm von Ockham* (um 1285–1349), scholastischer Theologe, Philosoph und kirchenpolitischer Schriftsteller; Vertreter eines ethischen Positivismus, nach dem Wirklichkeit und Sittengesetz freie Setzungen des göttlichen Willens sind. Ockham führte das Wissen im Gegensatz zum Glauben auf Erfahrung zurück; förderte sehr die Entwicklung der Logik.

20 *Samuel Pepys* (1633–1703), englischer Regierungsbeamter; sein nicht für die Veröffentlichung gedachtes (z. T. in selbstentwickelter Geheimschrift) verfaßtes Tagebuch gibt ein unschätzbares, schonungslos offenes Zeitbild. Zitat entnommen aus «Samuel Pepys: Tagebuch», Reclam Bd. 9970.

21 *Doketismus* (von griechisch «dokein» = «scheinen»), die besonders von Gnostikern vertretene Lehre, daß Gott nur *scheinbar* Mensch geworden sei, Christus nur einen Scheinleib besessen habe. Die Wurzel des Doketismus war die Beurteilung der Materie als niedrig und böse, so daß die Menschwerdung Gottes unmöglich schien.

22 2. Korinther 4,17 (Elberfelder Übersetzung).

23 *Percy Bysshe Shelley* (1792–1822), englischer Dichter; vertrat einen aus der antiken Philosophie (Plato) und der Vernunftreligion der Aufklärung kommenden idealistischen Pantheismus, ein Gefühl des Einsseins mit der Natur.

24 *Algernon Charles Swinburne* (1837–1909), englischer Dichter; seine Naturgedichte erinnern an Shelley.

25 *Xenophon* (430–354 v. Chr.), griechischer Schriftsteller, der sich in seiner Jugend Sokrates anschloß; Verfasser bedeutender Schriften zu Geschichte, Politik, Philosophie wie auch zu praktischen Themen (Reiten, Jagen etc.).

26 *William Wordsworth* (1770–1850), bedeutender englischer Romantiker christlich-nationaler Prägung; pantheistisch humanitäre, das Übersinnliche betonende Dichtung.

27 *Henri Bergson* (1859–1941), französischer Philosoph; 1927 Nobelpreis für Literatur; vertrat die Intuition als einziges Mittel zur Erfassung der Wirklichkeit, weshalb alle Verstandeserkenntnis aus der Philosophie auszuschalten sei.

28 *John Milton* (1608–1674), englischer Dichter; berühmt vor allem durch seinen Epos «Paradise lost», die Tragödie des Paradieses vor dem Hintergrund eines gigantischen Ringens zwischen den Mächten des Himmels und der Hölle, und als Ergänzung dazu: die Dichtung von der Versuchung Jesu, «Paradise regained».

29 *Samuel Johnson* (1709–1784), englischer Schriftsteller und Schöpfer eines berühmten «Dictionary of the English language»; beurteilte als einflußreicher Kritiker die Literatur nach den klassizistischen Grundsätzen des Lehrhaften, Sittlichen, Vernünftigen.

30 *Prospero*, Gestalt in Shakespeares «Sturm».

31 *John Keats*, a.a.O.

32 *Dogberry*, Gestalt in Shakespeares «Viel Lärm um Nichts».

33 *Anthony Trollope* (1815–1882), englischer Erzähler; schilderte in den «Barchester-Romanen» das Leben der weltlichen und kirchlichen Würdenträger in einer kleinen Bischofsstadt Südenglands.

34 *Thomas More,* (1478–1535), englischer Staatsmann und Humanist; nach seinem berühmtesten Werk «Utopia», das eine auf Gemeineigentum aufgebaute Gesellschaft schildert und als Reformprogramm gedacht war, ist die literarische Gattung der *Utopie* benannt.

35 *William Law* (1686–1761), Verfasser geistlicher Schriften.

36 *Pelagianer,* Anhänger des irischen Mönches Pelagius (gest. nach 418), der im Gegensatz zu Augustin behauptete, daß die menschliche Natur von sich aus fähig sei, sich für das Gute zu entscheiden, und die Erbsündenlehre bestritt.

37 *Nachfolge Christi* («De imitatione Christi»), das nach der Bibel meistverbreitete Buch der Weltliteratur; verfaßt von Thomas a Kempis (1379 bis 1471), Subprior im Augustinerkloster Agnetenberg in Kempen am Niederrhein. Zitat aus dem 1. Buch, Kap. 19/1, Reclam Bd. 7663.

Vom gleichen Verfasser:

C. S. Lewis

Gedankengänge
Essays zu Christentum, Kunst und Kultur
240 Seiten, ABCteam-Paperback Nr. 375

Bildung, Kunst und Kultur – welche Beziehung haben sie zum
christlichen Glauben, dem doch ganz andere Werte so viel wichtiger sind? Lewis befaßt sich mit dem Reichtum, aber auch den
Gefahren und Grenzen der Kunst: »Der Ungläubige neigt immer
dazu, aus seinen ästhetischen Erfahrungen eine Art Religion zu
machen... Es läßt sich leicht nachweisen, daß die wirklich großen Dichtungen sämtlich von Menschen geschaffen wurden, denen etwas anderes viel wichtiger war als die Dichtkunst.«
Auch zu anderen Themen äußert sich Lewis wieder überaus klug
und kämpferisch, doch zugleich liebenswürdig und fair.
»Jedes dieser Essays ist ein Meisterstück psychologisch gewin-
nender und logisch zwingender Gedankenentwicklung. Der Leser ist von der ersten Seite an gepackt, folgt mit intellektuellem
Vergnügen dem Beweisgang und schaut mit Augen, die der Autor ihm geöffnet hat, eine ungeahnte Wirklichkeit« (Gisbert
Kranz, Studien zu C. S. Lewis).

Brunnen-Verlag · Basel und Gießen

9,95